KB153301

그림과 글로 이해하는 고사성어

이상기 편저

도서출판 선영사

머리말

　한자는 우리의 일상 생활과 매우 밀접하여 그 학습의 필요성을 인정하면서도 배우기 어려운 것으로 생각하는 경향이 있다. 그것은 한자만이 갖고 있는 독특한 배경 때문일 것이다.

　고사성어는 우리말로 토착화(土着化)하여 속담으로 일컬어지는 것도 적지 않다. 그래서 이 책을 공부하면 자기도 모르게 한문 소양을 기르는 데 많은 힘이 되리라 믿는다. 한 걸음 나아가 한문 고전에 담긴 전통 사상을 접할 수 있도록 배려하였으니, 아무쪼록 이 책을 통하여 한문에 대해 친근감을 갖게 되기를 바라며 고사성어를 익힘으로써 선인들의 사상과 가치관을 이해할 수 있는 기회가 되기를 바란다. 또한 이 책이 한문에 관심을 갖는 이에게 좋은 반려자가 되기를 바란다.

　끝으로 이 책을 펴내는 데 애써 주신 선영사 김영길 사장님과 임직원 여러분에게 감사를 드린다.

1995년

李相麒

차례 • 그림과 글로 이해하는 고사성어

佳人薄命
가 인 박 명

미인과 마찬가지로 용모가 아름다운 여자는 운명
이 기박하고 팔자가 사납다는 뜻이다.

출전 : 소식(蘇軾)

자 고 가 인 다 박 명
自古佳人多薄命
예로부터 가인은 대부분 박명이라지만

폐 문 춘 진 양 화 락

閉門春盡楊花落
문을 닫고 봄이 다하면 버들 꽃도 지고 말겠지

이 시는 소식이 지방 장관으로 있을 때 우연히 절간에서 나이 30세가 이미 넘었다는 어여쁜 여승(女僧)을 보고 그녀의 아리따웠을 소녀 시절을 생각해 보며 미인의 운수가 기박함을 쓴 것이다. 미인은 대개 평탄치 못한 인생 행로를 걷게 된다는 말이다.

박명이란 반드시 수명의 짧음만을 가리키는 것은 아니다.

미인은 무언가 순탄치 못한 것, 불안을 표명한 것, 즉 미인은 불행하기 쉽다는 뜻이다.

佳 아름다울 가

• **佳景(가경)** : 아름다운 경치.

薄 엷을 박

• **薄待(박대)** : 불친절한 대우.

命 목숨 명

• **命令(명령)** : 윗사람이 아랫사람에게 시키는 일. 또는 그 내용.

苛政猛於虎

가 정 맹 어 호

포악하고 무분별한 정치 제도는 백수의 왕인 호랑이보다도 더 무섭다는 뜻이다.

출전 : 예기(禮記)

한 부인이 길가에 있는 세 개의 무덤 앞에서 울고 있었다. 공자는 그대로 지나칠 수가 없어 제자인 자로(子路)를 시켜 까닭을 묻게 했다.

"왜 그다지 슬프게 우십니까?"

"그 이유는 옛날 저의 시아버님이 호랑이에게 해를 당해 돌아가

셨는데, 곧이어 저의 남편도 해를 당해 세상을 떠났습니다. 그런데 이제 또 아들까지 잡아먹혔답니다."

"그렇게 위험하다면 왜 다른 곳으로 떠나지 않습니까?"

"아닙니다. 위험하긴 해도 이곳에 살고 있으면 마구 뜯어가는 세금을 재촉받을 걱정은 없습니다."

공자는 이 말을 듣고 깊이 느끼는 바가 있어 동행하는 제자들에게 말했다.

"잘 들어두어라. 가혹한 정치는 호랑이보다 무서운 법이다."

苛 가혹할 **가**

• 苛酷(가혹) : 매우 혹독함.

猛 사나울 **맹**

• 猛烈(맹렬) : 기세가 몹시 사납고 세참.

刻舟求劍
각 주 구 검

강에 빠뜨린 칼의 위치를 배에 새기고 칼을 찾는
다는 뜻으로, 상황의 변화에 적절히 대응하지 못
하는 미련함을 비유한다.

출전 : 여씨춘추(呂氏春秋)

초(楚)나라 사람이 배를 타고 강을 건너다가 소중히 지니고 있던
칼을 강물 속에 빠뜨리고 말았다. 순간 그는 당황했으나 곧바로 평
정을 되찾았다. 자신의 칼을 되찾을 방법이 생각났기 때문이다.

그는 칼을 떨어뜨린 곳을 얼른 배에다 표시해 두었다. 그리고 배가 나루로 도착하자마자 전에 표시해 놓은 그 자리에서 물 속으로 들어가 칼을 찾았다. 그러나 그는 칼이 떨어진 곳에서 배가 계속 이동하였다는 사실을 깨닫지 못하였으므로 칼을 찾을 수 없었고 자신은 사람들의 웃음거리만 되었다.

刻　새길　각

· 刻苦(각고) : 몹시 애씀.

求　구할　구

· 求愛(구애) : 사랑을 구함.

劍　칼　검

· 劍客(검객) : 칼을 잘 쓰는 사람.

肝膽相照

간 담 상 조

간과 쓸개를 드러내 보인다는 뜻으로, 서로의 마음을 터놓고 격의 없이 친하게 지내는 것을 말한다.

출전 : 한유(韓愈)

중당(中唐)의 문인 한유(韓愈)는 좋은 친구를 많이 사귀고 있었다. 그는 다음과 같이 말했다고 한다.

"사람이란 난처했을 때 비로소 진정한 우정이 나타나는 법이다. 평소 안일하게 마을이나 도시에 살고 있으면서 서로 그리워하고,

서로 기뻐하며, 놀이에 부르고 불려가며, 큰소리를 치고 억지 웃음,
소리를 내든가 서로 사양하며 손을 잡고 간과 쓸개를 드러내 보이
고, 태양을 가리켜 눈물을 흘리며 맹세를 하되, 배신하지 않겠다고
한다면 자못 그럴 듯하나 일단 이해 관계라도 얽히면 눈을 부라리
고 언제 보았느냐는 듯이 모른 척한다.

　함정에 빠진 사람을 손을 내밀어 구해주기는커녕 도리어 상대를
밀어뜨리는 자가 이 세상에 많다. 간담상조할 수 있는 친구는 매우
드물다.”

肝　간　　간
　• 肝腸(간장) : 간과 창자.

膽　쓸개　담
　• 落膽(낙담) : 실망하여 갑자기 마음이 상함.

照　비출　조
　• 照明(조명) : 촬영 효과를 높이기 위하여 광선을 씀.

改過遷善

개 과 천 선

지나간 잘못을 뉘우치고 새롭게 착한 사람이 되는 것을 뜻한다.

출전 : 진서(晉書)

진(晉)나라 때 주처(周處)라고 하는 괴걸(怪傑)이 있었다. 주처가 어릴 때 아버지를 잃고부터는 자주 남을 두들겨 팼기 때문에 마을 사람들은 그를 두려워했다.

그러나 주처가 철이 들어감에 따라 자신의 과오를 깨닫고, 지난 허물을 과감히 고치어 새로운 사람이 되겠다고 굳은 결심을 하였다. 그래서 그는 정든 고향을 등지고 동오에 가서 대학자 육기(陸機)와 육운(陸雲) 두 형제를 만나서 많은 격려를 받았다. 이때부터 주처는 뜻을 세워 글을 배웠다. 이후 십여 년 동안 품덕(品德)과 학문을 닦고 익혀 마침내 유명한 대학자가 되어 모든 사람들로부터 존경을 받았다.

改 고칠 개
• 改訂(개정) : 고치어 정정함.

遷 옮길 천
• 左遷(좌천) : 높은 지위에서 낮은 지위로 떨어짐.

蓋棺事定

개 관 사 정

관 뚜껑을 덮고 난 뒤에야 안다는 뜻으로, 사람
은 죽고 난 뒤에야 정당한 평가를 할 수 있다는
말이다.

출전 : 두보(杜甫)

두보가 사천성(四川省) 깊은 산골로 들어가서 가난하게 살고 있을
때, 역시 거기에 와서 살며 실의에 찬 나날을 보내고 있는 친구의
아들인 소혜(蘇傒)란 사람에게 편지 대신 보낸 한 편의 시이다.

군 불 견 도 변 폐 기 지
君不見道邊廢棄池
그대는 보지 못하였는가 길가에 버려진 못을

군 불 견 전 자 최 절 동
君不見前者摧折桐
그대는 보지 못하였는가 앞서 꺾여 넘어진 오동나무를

백 년 사 수 중 금 슬
百年死樹中琴瑟
백년 뒤 죽은 나무가 거문고로 쓰이게 되고

일 곡 구 수 장 교 룡
一斛舊水藏蛟龍
한 섬 오랜 물은 교룡을 품기도 한다

장 부 개 관 사 시 정
丈夫蓋棺事始定
장부는 관을 덮어야 일이 비로소 결정된다.

蓋 덮을　개
• 蓋草(개초) : 이엉으로 지붕을 임.

棺 관　관
• 入棺(입관) : 시체를 관 속에 넣음.

擧案齊眉
거 안 제 미

밥상을 눈 위로 받들어 올린다는 말로, 아내가
남편을 지극히 공경함을 일컫는다.

출전 : 후한서(後漢書)

양홍이라는 사람은 아내를 데리고 산 속으로 들어가 밭을 갈고
베를 짜면서 살았다. 그러나 왕실을 비방하는 시를 지어 쫓기게 되
자 오(吳)나라로 건너가 고백통(皋伯通)이라는 명문 대가를 찾아가
서 방앗간의 품팔이를 하며 지냈다.
저녁에 집에 돌아오면 아내가 밥상을 차려 양홍 앞으로 나오는데

눈을 아래로 깔고 밥상을 눈썹 높이로 들어 바쳤다.

그 행동을 보고 다른 사람이 생각하였다.

"저처럼 아내를 다루는 것을 보니 저 날품팔이는 보통 사람이 아니다."

고백통은 그것을 보고 양홍 일가를 자기의 집 안에 들어와 살게 하였다. 그렇게 하여 양홍은 수십 편의 책을 저술할 수 있었다.

齊 다스릴 제

• 齊盟(제맹) : 다같이 맹세하는 것.

眉 눈썹 미

• 眉間(미간) : 두 눈썹 사이.

乾坤一擲

건 곤 일 척

죽느냐 사느냐와 같이 사생결단을 건 최후의 한
판 승부를 일컫는다.

출전 : 한유(韓愈)

초(楚)의 항우(項羽)와 한(漢)의 유방(劉邦)이 이곳에 선을 긋고 천
하를 나누어 가졌다. 이 시는 당시를 추억한 것이다.

용 피 호 곤 할 천 원
龍疲虎困割川原

용은 피로하고 호랑이는 곤하여 천원을 서로 나누니

<ruby>억<rt>억</rt></ruby> 만 창 생 성 명 존
億萬蒼生性命存
모든 백성들이 성명을 보존하였다.

수 권 군 주 회 마 수
誰勸君主回馬首
누군가가 한왕에게 군사와 말을 돌이키길 권하며

진 성 일 척 도 건 곤
眞成一擲賭乾坤
진실로 천하를 건 한판의 도박을 벌였구나.

유방은 항우를 무찌르고 천하의 패권을 잡았다.
이것이 천하를 건 큰 도박이라고 읊었던 것이다.

乾 하늘 건

• 乾坤(건곤) : 하늘과 땅을 상징적으로 일컫는 말.

擲 던질 척

• 擲柶(척사) : 윷놀이.

格物致知

격 물 치 지

대학(大學)의 교과를 수득(修得)하는 일로 사물
이 지니고 있는 이치에 우리의 인식이 도달하여
궁극적인 지(知)에 이르는 것이다.

출전 : 대학(大學)

"예전에 밝은 덕을 천하에 밝히려고 하는 사람은 먼저 그 나라를
다스리고, 그 나라를 다스리려는 사람은 먼저 그 집안을 정돈하고,
그 집안을 정돈하려고 하는 사람은 먼저 그 몸을 닦고, 그 몸을 닦
으려고 하는 사람은 먼저 그 마음을 바르게 하고, 그 마음을 바르

게 하려는 사람은 먼저 그 뜻을 정성스럽게 하고, 그 뜻을 정성스럽게 하려고 하는 사람은 먼저 그 아는 것을 극진히 해야 할 것이니 아는 것을 극진히 하는 것은 사물의 이치를 연구하는 데 있다."

고 지 욕 명 명 덕 어 천 하 자　　선 정 기 심 욕 정 기 심 자
古之欲明明德於天下者　先正其心欲正其心者

선 성 기 의 욕 성 기 의 자　　선 치 기 지 치 지 재 격 물
先誠其意欲誠其意者　先致其知致知在格物

즉, 이치의 추궁으로부터 지식을 쌓아올려서 지(知)를 치(致)한다는 것이다.

格 격식　격
- 格式(격식) : 격에 어울리는 법식.

致 이를　치
- 致富(치부) : 재물을 모아 부자가 됨.

結草報恩

결 초 보 은

풀을 엮어서 은혜를 갚는다는 뜻으로, 죽어 혼령
이 되어서도 은혜를 잊지 않고 갚는다는 말이다.

출전 : 춘추좌씨전(春秋左氏傳)

진(晋)의 위과(魏顆)는 무자(武子)의 아들이다. 무자에게는 아끼던
첩이 있었는데, 무자가 병이 들자 아들인 위과에게 자신이 죽은 후
첩을 다른 사람에게 시집보내라고 유언을 했다. 그러나 병이 더해
지자 무자는 다시 첩을 자신과 함께 묻어달라고 했다.

무자가 죽자 위과는 그의 뜻을 따르지 않고 첩을 개가(改嫁)하도록 했다. 그 뒤에 위과는 진(秦)나라의 두회(杜回)와 전쟁을 하게 되었는데, 한 노인이 길가의 풀을 묶어 매듭을 만들고 있었다. 전투 중에 두회가 말을 타고 쫓아오다가 그 매듭에 걸려 넘어지자, 위과는 그를 사로잡아 전쟁에서 이길 수 있었다.

후에 위과의 꿈 속에 풀을 묶어 매듭을 만들던 노인이 나타나서 말했다.

"나는 당신이 개가시켜 준 첩의 아버지이다. 당신이 내 딸을 죽이지 않고 개가시켜 주었기 때문에 내가 당신의 은혜에 보답한 것이다."

結 맺을 결

• **結緣(결연)** : 인연을 맺음.

報 갚을 보

• **報酬(보수)** : 일한 것에 대한 대가.

傾國之色

경 국 지 색

한 나라를 위태롭게 할 정도의 미색이라는 뜻으로, 아름다운 여인을 이르는 말이다.

출전 : 한서(漢書)

한무제(漢武帝)를 모시고 있는 이연년(李延年)이라는 사람이 있었다. 그의 누이동생은 더없이 예뻤고 춤도 능숙했다. 무제는 곧 그녀에게 완전히 마음이 사로잡히고 말았다.

경국의 본뜻은 '나라를 위태롭게 한다'이다. 왕이 미인에게 정신을 빼앗겨 정치를 잘못할 만큼, 즉 나라를 위태롭게 할 정도의 미인이라는 뜻이다.

북방에 가인(佳人) 있어
절세로 단 한 사람뿐.
일고(一顧)하면 성을 기울게 했다.(傾城)
재고(再顧)하면 나라를 기울게 했다.(傾國)
어찌 경성 경국을 모르리요마는
가인은 두 번 다시 얻기 어려우리.

傾 기울어질 경

• 傾斜(경사) : 비스듬히 기울어짐.

色 빛　　색

• 色彩(색채) : 빛깔. 빛깔과 문채.

鷄肋

계 록

닭의 갈비는 먹을 만한 살은 없지만 그냥 버리기에는 아깝다는 뜻으로, 크게 쓸모는 없으나 버리기에는 아까운 사물을 이르는 말이다.

출전 : 후한서(後漢書)

조조(曹操)와 유비(劉備)가 한중(漢中) 땅을 차지하기 위해 싸움을 벌이게 되었다.

조조는 유비 군대를 공격할 수도 없었고, 그대로 지키고 있기도 어려운 형편이었다. 조조가 결정을 내리지 못하자 부하들이 명령을 내려달라고 조조에게 찾아왔다.

조조는 이때 닭의 갈비를 뜯고 있었는데, '계륵, 계륵' 하며 아무 말이 없었다.

부하들은 아무도 조조의 말뜻을 몰랐다. 오직 양수(楊修)만이

'닭갈비는 먹을 만한 것은 없지만 버리기는 아까운 것이다. 결국 한중 땅을 포기하기는 아깝지만 그렇다고 중요하게 생각하고 있지도 않은 듯하다. 아마 철수를 결정하실 것이다.'

라고 조조의 생각을 미리 짐작해서 군대를 철수시켰다.

鷄 닭　계

· 鷄口(계구) : 닭의 입. 작은 단체의 우두머리.

肋 갈빗대　륵

· 肋骨(늑골) : 갈빗대뼈.

鷄鳴狗盜

계 명 구 도

닭이나 개를 흉내내는 천한 재주나 기능도 훌륭
하게 쓰일 때가 있다.

출전 : 사기(史記)

제(齊)나라 재상 맹상군(孟嘗君)을 진(秦)나라의 소왕(昭王)이 초청
하였다. 그런데 소왕은 그를 다시 제나라로 돌아가지 못하도록 억
류하였다.

그러나 맹상군은 한밤중에 도망쳐 국경 근처인 함곡관(涵谷關)에
이르렀다. 맹상군이 급히 관문을 나가려고 했으나 그곳의 법에 첫

닭이 울기 전에는 관문을 열 수가 없었다. 이때 그의 부하 중 한 사람이 닭의 울음 소리를 흉내내자 모든 닭들이 따라 울었다. 이에 관문이 열리고 맹상군은 무사히 제나라로 돌아갈 수 있었다고 한다.

鳴 울 명

• 鳴箭(명전) : 우는 화살.

狗 개 구

• 走狗(주구) : 권력가의 앞잡이 노릇을 하는 사람.

盜 도둑 도

• 盜癖(도벽) : 물건을 훔치는 버릇.

季布一諾

계 포 일 낙

계포가 승낙한 한마디의 말이라는 뜻으로, 약속
한 이상 꼭 지킨다는 것을 말한다.

출전 : 사기(史記)

초(楚)나라 사람인 계포는 협기 있는 사람으로 알려져 '좋다' 하
고 한번 말을 한 이상은 그 약속을 반드시 지켰다.

아첨을 잘하고 금전욕이 강한 조구(曹丘)라는 자가 있었다. 그는
계포를 방문해서 인사가 끝나자마자 이렇게 말했다.

"초나라 사람들은 황금 백 근을 얻는 것은 계포의 일낙(一諾)을

얻는 것만 못하다고 말하는데 어떻게 해서 그렇게 유명하게 되셨습니까? 지금은 양(梁)과 초(楚)나라 정도밖에 알려지지 않고 있습니다만, 머지않아 제가 당신의 일을 선전하고 다니면 당신의 이름은 천하에 퍼질 것입니다."

계포는 이 말을 듣고 기분이 좋아져 조구를 극진히 대접했으며, 조구로 인해 계포의 이름은 더욱더 중국 전체에 알려지게 되었다고 한다.

季 끝　계

• 季氏(계씨) : 상대자를 높이어 그의 아우를 이르는 말.

諾 허락할　낙

• 承諾(승낙) : 청하는 말을 들어주는 일.

股肱之臣

고 굉 지 신

다리와 팔뚝에 비길 만한 신하라는 뜻으로, 임금
이 가장 가까이하며 신임하는 중신(重臣)을 말
한다.

출전 : 서경(書經)

순임금이 말했다.

"그대들과 같은 신하들은 짐의 팔다리요, 눈과 귀로다. 내가 백성
들을 돕고자 하니 그대들도 힘써 도와 달라. 내가 위엄을 온 천하
에 떨치려 하거든 그대들이 대신해 달라.

신 작 짐 고 굉 이 목 자 욕 좌 우 유 민
臣作朕股肱耳目子欲左右有民

여 익　　예 욕 선 력 사 방 여 위
汝翼　予欲宣力四方汝爲

　나에게 어긋남이 있을 때에는 그대들이 나를 보필하여 규정(規正)
해 달라. 내 앞에서 순종하는 척하고 물러간 후에 이러쿵저러쿵 쓸
데없는 소리를 할 것이 아니라 그 자리에서 직접 충고해 달라."
　이와 같이 순임금은 신하들이 자신을 잘 보좌하여 제도와 형벌에
대해 힘써줄 것을 부탁했다.

股　다리　　고

· 股間(고간) : 사타구니.

肱　팔　　굉

· 股肱(고굉) : 다리와 팔.

臣　신하　　신

· 奸臣(간신) : 간악한 신하.

鼓腹擊壤

고 복 격 양

북처럼 배를 두드려 박자를 맞추면서 격양놀이를
한다는 뜻으로, 백성들이 태평함을 즐기므로 바
로 그 시절이 태평성대라는 뜻이다.

출전 : 십팔사략(十八史略)

세상이 너무나도 평화스러워 요(堯)임금은 도리어 불안했다. 그러
던 어느 날 눈에 띄지 않는 옷차림을 하고 몰래 거리로 나섰다.

요임금은 그 거리에서 백발노인 한 사람을 보았다. 그 노인은 음
식을 우물거리며 격양놀이(옛날 중국에서 하던 유희의 하나)를 하는

데, 배를 두드려 박자를 맞추면서 즐거워하고 있었다. 이 모습을 본 요임금의 마음은 매우 환하게 밝아졌다.

"백성들이 아무런 불안도 없이 배를 두드리며 격양놀이 등으로 자기들의 생활을 즐기고 있으니 정치가 잘되어 가고 있다는 증거가 아닌가."

요임금은 매우 흡족한 표정을 지으며 안심하고는 왕궁으로 돌아 갔다.

鼓 북　　고

・**鼓舞**(고무) : 북을 치면서 춤을 춤. **激勵**(격려)

擊 칠　　격

・**擊破**(격파) : 쳐서 부숨.

高枕安眠

고 침 안 면

베개를 높이 베고 잠을 편안하게 잔다는 뜻으로,
아무런 근심이 없는 상태를 말한다.

출전 : 사기(史記)

전국시대 중엽 소진(蘇秦)과 장의(張儀)가 활약하던 때의 일이다.
장의가 애왕을 설득했다.

그는 진(秦)나라가 위(魏)나라와 조(趙)나라의 길을 끊고 한(韓)나
라를 설득해서 함께 위나라를 공격할 것이라고 했다. 계속해서 이
번에는 진을 섬기면 어떤 이로움이 있는지 아느냐고 달랬다.

　진을 섬기면 곧 초와 한은 감히 쳐들어오지 못할 것이다. 초와 한의 걱정이 없어지면 대왕은 베개를 높이 베고 누울 수 있으니 반드시 근심이 없어질 것이다.

　여기에서 고침안면이라는 성어가 생겼다.

枕 베개　**침**

• 木枕(목침) : 나무토막으로 만든 베개.

眠 잠잘　**면**

• 冬眠(동면) : 동물이 땅 속에 숨어서 수면 상태로 겨울을 남.

古稀

고 희

예로부터 드물다는 뜻으로, 70세를 고희라고 일
컫는다.

출전 : 두보(杜甫)

고희라는 말은 두보(杜甫)의 '곡강이수(曲江二首)'라는 시에 나온
다.

조 회 일 일 전 춘 의
朝回日日典春衣

조정에서 돌아오면 날마다 봄 옷을 입고

매 일 강 두 진 취 귀
每日江頭盡醉歸

하루같이 강가에서 반취해 돌아온다.

주 채 심 상 행 처 유
酒債尋常行處有

술빚은 예사로서 도처에 있고

인 생 칠 십 고 래 희
人生七十古來稀

인생 칠십은 예로부터 드문 것이다.

이 말은 보기드문 나이에 이른 것을 축하하는 뜻으로 쓰이게 되었다.

70세를 고희라고 하는 것도 여기에서 비롯되었다.

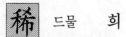 古　옛　　고

• 古來(고래) : 예로부터 지금까지.

稀　드물　희

• 稀貴(희귀) : 드물어서 매우 진귀함.

曲學阿世
곡 학 아 세

바르지 못한 학문을 하여 세상에 아첨한다는 뜻
으로, 자기의 철학과 소신을 굽혀 시세에 아첨함
을 말한다.

출전 : 사기(史記)

원고생(轅固生)은 전한(前漢) 무제(武帝) 때에 다시 조정의 부름을
받게 되었다. 이때 엉터리 학자들이 어떻게든 황제의 뜻을 되돌려
보려고 원고생의 험담을 늘어놓았다. 하지만 무제는 그 중상을 물
리치고 원고생을 재차 등용하였다. 원고생과 함께 공손홍(公孫弘)이

라는 소장 학자도 같이 부름을 받았다. 그때 원고생은 공손홍에게 이렇게 말했다.

"지금 학문의 도가 어지러워서 속설이 유행하고 유서 깊은 학문의 전통이 마침내는 사설(邪說) 때문에 참모습을 잃게 될 것이야.

자네는 젊고 학문을 좋아하는 선비이니, 부디 올바른 학문을 힘써 공부하여 주게."

이 말을 들은 공손홍은 훌륭한 학자가 되었다고 한다.

공 손 자 무 정 학 이 언   무 곡 학 이 아 세
公孫子務正學以言　無曲學以阿世

曲 굽을 **곡**

• 曲折(곡절) : 자세한 사정. 복잡한 내용.

阿 언덕 **아**

• 阿諂(아첨) : 남의 환심을 사기 위하여 알랑거림.

空中樓閣
공 중 누 각

공중에 떠 있는 누각이라는 뜻으로, 현실성이 없
는 일이나 글을 지칭하는 말이다.

출전 : 심괄(沈括)

"지금 말과 행동이 허황된 사람을 가리켜 공중누각이라고 하는데
바로 이것을 말하는 것이다."

금 칭 언 행 허 구 자 왈 공 중 누 각 용 차 사
今稱言行虛構者曰空中樓閣用此事

라고 심괄이 지은 《몽계필담》이라는 책에 기록되어 있다.

진실성이 없거나 현실적이 아닌 이야기, 또는 문장을 '공중누각과 같다'고 하는 말이 이미 청나라 시대부터 쓰여지고 있었다.

空 빌 공

- **虛空(허공)** : 아무것도 없이 텅 빈 공중.

樓 다락 루

- **樓閣(누각)** : 사방을 바라볼 수 있게 높이 지은 다락방.

管鮑之交

관 포 지 교

중국 제(齊)나라 때 관중(管仲)과 포숙(鮑叔)의
두터운 우정을 얘기한 것으로, 친구 사이의 변함
없는 깊은 우정을 뜻한다.

출전 : 사기(史記)

관중과 포숙은 죽마지우(竹馬之友)로 매우 친한 친구 사이였다.
관중은 집안이 가난했기 때문에 곧잘 포숙을 속였다. 그러나 포숙
은 한 마디의 불평도 하지 않았다.

후에 관중은 이렇게 술회하고 있다.

　　"나는 포숙과 함께 장사를 하였는데 이익을 나눌 때면 나는 몫을 더 많이 가지곤 하였으나 포숙은 나를 욕하지 아니하였다. 내가 가난한 것을 알고 있었기 때문이다.

　　또 나는 몇 번이고 벼슬길에 나갔으나 그때마다 쫓겨나고 말았다. 하지만 그는 나를 무능하다고 하지 않았다. 나를 낳아준 이는 부모이지만 나를 알아주는 이는 포숙이다."

鮑　절인 고기 포

・**鮑魚之肆**(포어지사) : 건어물을 파는 가게.

交　사귈　교

・**交涉**(교섭) : 일을 이루기 위하여 상대편에 절충함.

刮目相對
괄 목 상 대

눈을 비비고 주의하여 그 뒤에 결과를 기다린다
는 뜻으로, 상대방의 학식이나 재주가 갑자기 발
전한 것을 탄복하여 이르는 말이다.

출전 : 오지(吳志)

삼국시대에 오(吳)나라의 여몽(呂蒙)이라는 장수는 어려서부터 매
우 가난하여 공부를 제대로 하지 못한 까닭에 무식하였지만, 큰 뜻
을 품고 열심히 무술을 연마하여 손권(孫權) 밑에서 큰 공을 세웠
다. 어느 날 손권이 여몽을 불러놓고 말하였다.

"그대는 이 나라의 중신이니 앞으로는 글을 읽어 학문을 익히는 것이 좋겠소."

이후 여몽은 공부에 전념하여 책 속에서 많은 지식을 얻었고 세상의 이치를 깨닫게 되었다. 다른 사람들이 학식이 뛰어난 것에 찬사를 보내자 여몽은 웃으며,

"선비가 사흘간 헤어졌다 만나면 눈을 비비고 서로 보아야 하는 것입니다."

라고 말하였다.

刮 비빌　괄

• 刮摩(괄마) : 그릇을 닦아서 윤을 냄.

相 서로　상

• 相殺(상쇄) : 셈을 서로 비김.

對 대답할　대

• 對決(대결) : 서로 맞서 우열을 가림.

巧言令色
교 언 영 색

비위에 거슬리지 않는 말과 좋은 얼굴빛으로, 소
인배들의 교묘한 사단과 아첨을 일컫는 말이다.

출전 : 논어(論語)

"교묘한 말과 아첨하는 얼굴빛에는 인(仁)이 적다."

교 언 영 색 선 의 인
巧言令色鮮矣仁

라고 공자(孔子)는 말했다.

또 이렇게 말하기도 했다.

"좋은 약은 입에 쓰나 병에 이롭고, 충고의 말은 귀에 거슬리나 행하는 데에 이롭다."

양 약 고 어 구 이 리 어 병　충 언 역 어 이 이 리 어 행
良藥苦於口而利於病　忠言逆於耳而利於行

巧 공교로울 교

• 巧拙(교졸) : 익숙함과 서투름.

色 빛　　색

• 物色(물색) : 쓸만한 사람이나 물건을 찾아 고름.

膠柱鼓瑟

교 주 고 슬

(비파나 거문고의 기러기발)기둥을 풀로 붙여놓고
거문고나 비파를 탄다는 뜻으로, 변통을 모르는
고집불통을 비유하는 말이다.

출전 : 사기(史記)

조나라 명장 조사(趙奢)에게 괄(括)이라는 총명한 아들이 있었다.
어머니는 아들의 총명함을 보고 무척 기뻐했다.

그 뒤 진나라가 조나라를 침략해 왔다. 명장 염파가 나가 싸웠으
나 싸움이 불리하게 되자, 힘이 모자라는 것을 알고는 진지를 굳게

다지고 방어에 힘을 기울였다.

그러자 진나라는 첩자를 들여보내 헛소문을 퍼뜨렸다.

"진나라 사람들은 조사의 아들 조괄이 조나라 대장이 되면 어쩌나 겁을 먹고 있다. 그러나 염파는 늙어서 용기가 없어 조금도 두렵지 않다."

이 헛소문 때문에 임금은 염파 대신 조괄을 대장에 임명하려 했다. 그때 인상여가 반대하고 나섰다.

"조괄을 대장으로 임명하시는 것은 마치 기둥을 아교로 붙여두고 거문고를 타는 것과 같습니다. 괄은 책만 읽었을 뿐이라서 때에 맞추어 변통할 줄을 모릅니다."

그러나 임금은 인상여의 말을 듣지 않고 조괄을 대장으로 임명하였다.

조괄은 대장으로 승진하자 참모들 의견을 무시하고 자기 주장대로 밀고 나갔다. 그러다가 싸움에서 패배하고 조나라는 곤경에 처하게 됐다.

膠 아교 교

· 阿膠(아교) : 물건을 붙이는 데 씀. 갖풀.

瑟 악기 이름 슬

· 琴瑟(금슬) : 부부간의 애정.

口尙乳臭
구 상 유 취

입에서 아직도 젖내가 난다는 뜻으로, 말과 행동
이 어린아이처럼 유치하다는 것을 일컫는다.

출전 : 사기(史記)

한왕이 신하들에게 물었다.
"유나라의 대장이 누구인고?"
좌우의 신하들이 대답했다.
"백직(柏直)입니다."
그러자 한왕이 말했다.

"입에서 젖비린내가 나는구나. 어찌 우리 한신을 당해낼 수 있겠는가."

구 상 유 취   안 능 당 오 한 신
口尙乳臭　安能當吾韓信

하며 유나라의 백직을 얕잡아보았다.

尙　　숭상할　상

• 尙武(상무) : 무(武)를 숭상함.

臭　　냄새　취

• 惡臭(악취) : 나쁜 냄새.

國士無雙
국 사 무 쌍

한 나라 안에서 어깨를 견줄 만한 자가 없는 사
람이라는 뜻으로, 둘도 없이 우수한 인재를 말
한다.

출전 : 사기(史記)

유방(劉邦)에게 소하(蕭何)가 말했다.

"한신(韓信)은 실로 국사무쌍이라고 칭찬할 만한 인물입니다. 앞
으로 만약 동방으로 진출해서 천하를 다루실 것을 희망하신다면 한
신 이외에는 같이 군략을 꾀할 사람이 없습니다."

이렇게 해서 한신은 대장군이 되어 마침내 영재(英才)를 휘두를 수 있는 발판이 마련된 것이다. 그리하여 더욱더 이름을 천하에 떨쳤다.

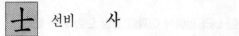 선비 **사**

· **壯士**(장사) : 육체적인 힘이 뛰어나게 센 사람.

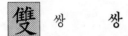 쌍 **쌍**

· **無雙**(무쌍) : 둘도 없이 썩 뛰어남.

群鷄一鶴

군 계 일 학

여러 마리의 닭 가운데 한 마리의 학이 있다는
뜻으로, 보통 사람들 속에 한 사람의 뛰어난 인
물이 섞여 있다는 것을 비유하는 말이다.

출전 : 진서(晋書)

혜소(嵆紹)는 죽림칠현(竹林七賢)의 한 사람인 혜강(嵆康)의 아들
이다. 혜소는 아버지가 무고한 죄로 형장의 이슬로 사라진 후 어머
니를 모시고 근신하고 있었다.

그의 영특함을 소문으로 듣고 있던 황제는 그를 불러 비서승(祕

書죠)이라는 관직에 오르게 했다.

　모든 사람들이 혜소를 보고,

　"들학이 닭무리 속으로 내려앉은 것 같았네."

야 학 여 재 계 군

野鶴如在鷄群

라며 존경했다고 한다.

群 무리　군

・**群衆(군중)** : 무리 지어 모여 있는 많은 사람.

鶴 두루미　학

・**鶴髮(학발)** : 학의 깃처럼 흰 머리털.

君子三樂
군 자 삼 락

군자의 세 가지 즐거움이라는 뜻으로, 첫째가 부
모가 모두 살아 계시고 형제가 무고한 것이요,
둘째가 하늘을 우러러 부끄럼이 없고, 셋째가 천
하의 영재를 얻어 교육하는 것이다.

출전 : 맹자(孟子)

이 글은 맹자(孟子)의 진심장(盡心章)에서 나온 글이다.

"군자에게는 세 가지 즐거움이 있다. 그러나 천하를 다스리는 왕이 되는 것은 이 세 가지 속에 들어 있지 않다.

　부모 형제가 모두 무고한 것이 첫째 즐거움이요, 하늘을 우러러 부끄럼이 없고 사람을 굽어보아도 부끄럽지 않음이 둘째 즐거움이요, 천하의 영재를 얻어 교육하는 것이 셋째 즐거움이다."

군 자 유 삼 락 이 천 하 불 여 재 언
君子有三樂而天下不與在焉

부 모 구 존 형 제 무 고 일 락 야
父母俱存兄弟無故一樂也

앙 불 괴 어 천 부 부 작 어 인 이 락 야
仰不愧於天俯不怍於人二樂也

득 천 하 영 재 교 육 지 삼 락 야
得天下英才敎育之三樂也

君 임금　군

• 君子(군자) : 덕행이 높은 사람.

樂 즐거울　락

• 樂園(낙원) : 자유와 행복을 누릴 수 있는 곳.

捲土重來

권 토 중 래

땅을 말아 다시 온다는 뜻으로, 한번 싸움에서
패한 사람이 다시 힘을 길러 땅을 휘말아 들어오
듯 쳐들어오는 것을 말한다. 즉, 세력을 만회하
여 옴.

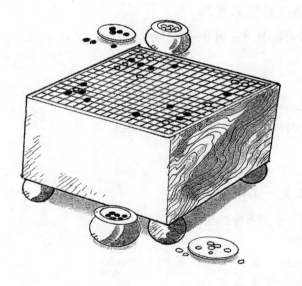

출전 : 제오강정(題烏江亭)

항우(項羽)는 해하(垓下)에서 한 고조 유방(劉邦)에게 패하고 단신
으로 오강(烏江)까지 도망왔다. 이때 정장(亭長)이 배를 강 언덕에
대놓고 기다리다가 항우에게 말하였다.

"대왕께서는 어서 강을 건너십시오. 지금 신에게는 배가 있습니다."

항우는 웃으며 거절하였다.

"하늘이 나를 망하게 하려는데, 건너서 무엇하겠는가?"

그리고 추격해 온 한나라 군사를 맞아 일대 접전을 벌인 후 스스로 자결하였다.

이로부터 천 년 뒤 당나라의 저명한 시인인 두목(杜牧)이 이 오강을 지나며 다음과 같은 시를 지어 항우를 추모하였다.

승 패 병 가 불 가 기
勝敗兵家不可期
승패는 병가도 기할 수 없는

포 수 인 치 시 남 아
包羞忍恥是男兒
수치를 참을 수 있음이 바로 남아라

강 동 자 제 다 준 재
江東子弟多俊才
강동의 자제에는 준재가 많으니

권 토 중 래 미 가 지
捲土重來未可知
흙먼지를 일으키며 다시 왔으면 승패는 아직 알 수 없도다.

이 시에는 항우를 애석하게 여기는 정이 넘쳐흐르고 있음을 알 수 있다.

捲 걷을 　권

• **捲簾(권렴)** : 발을 말아올림.

土 흙 　토

• **土窟(토굴)** : 땅 속으로 파낸 굴.

錦上添花
금 상 첨 화

비단 위에 꽃을 더한다는 뜻으로, 좋은 일에 또 좋은 일이 더한다는 말이다. 반대말로는 설상가상(雪上加霜)이 있다.

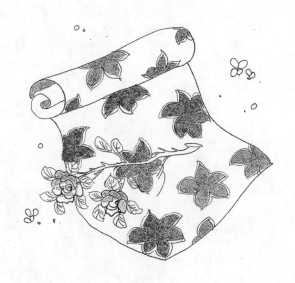

출전 : 왕안석(王安石)

금상첨화는 다음 한시에서 나온 말이다.

가 초 욕 복 배 중 록
嘉招欲覆盃中淥

좋은 모임에서 잔 속의 술을 비우려 하는데

여 창 잉 첨 금 상 화
麗唱仍添錦上花
고운 노래는 비단 위에 꽃을 더한다.

이 시는 왕안석이 만년에 정계(政界)를 떠나 남경(南京)의 한적한
곳에 은거해 살 때에 지은 것이다.

錦 비단 금
・錦繡(금수) : 비단과 수. 아름다운 것의 비유.

上 윗 상
・上京(상경) : 시골에서 서울로 올라감.

添 더할 첨
・添付(첨부) : 더하여 붙임.

錦衣夜行
금 의 야 행

비단옷을 입고 밤길을 간다는 말로, 아무리 출세
해도 남이 알아주지 않음을 뜻한다.

출전 : 한서(漢書)의 항적전(項籍傳)

항우(項羽)의 눈에 비친 함양(咸陽)은 불타다 남은 궁전, 마구 파
괴된 황량한 초토일 뿐이었다.

그보다도 빨리 고향으로 돌아가 자기의 성공을 과시하고 싶었다.
그래서 그는 동쪽 하늘을 바라보며 말했다.

부 귀 불 귀 고 향   여 의 금 야 행   수 지 문 자
富貴不歸故鄕　如衣錦夜行　誰知文者

부귀를 이루고도 고향으로 돌아가지 않는 것은 비단옷을 입고 밤에 걷는 것과 같다. 누가 이것을 알소냐.

 衣　옷　　의

・衣裳(의상) : 저고리와 치마. 상의와 하의.

夜　밤　　야

・夜勤(야근) : 밤에 근무함.

行　갈　　행

・行實(행실) : 행동에 들어나는 품행.

杞憂
기 우

기인지우(杞人之憂)의 준말. 기(杞)나라 사람의 근심이라는 뜻으로, 만약 천지가 붕괴한다면 몸 둘 곳이 없어진다는 공연히 쓸데없는 걱정이나 근심을 한다는 말이다.

출전 : 열자(列子)

기국(杞國)에 어떤 사나이가 있었는데, 항상 천지가 붕괴한다면 몸둘 곳이 없어진다고 걱정하여 잠을 이루지 못하고 있었다. 그러자 한 친구가 찾아와 이렇게 설명하였다.

"하늘은 공기가 쌓인 것으로 공기가 없는 곳이란 있을 수 없네. 운동을 하는 것도 언제나 하늘 속에서 하고 있는 것이니, 하늘이 무너진다는 걱정은 할 필요가 없네."

"왜 땅이 꺼지지 않지?"

"땅은 흙덩이가 쌓인 것이라네. 그것이 사방에 꽉 차서 흙이 없는 곳은 없지. 왜 땅이 꺼지는 것을 걱정하나?"

그러자 그 사나이는 안심이 되었노라 크게 기뻐했다고 한다.

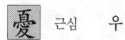 구기자　기

• 拘杞子**(구기자)** : 구기자나무.

杞 憂 근심　우

• 憂慮**(우려)** : 근심과 걱정.

騎虎之勢
기 호 지 세

호랑이를 타고 가는 기세라는 뜻으로, 일을 시작
한 이상 도중에 그만둘 수 없는 상태를 말한다.

출전 : 수서(隋書)

한인(漢人) 양견(楊堅)은 자기 나라가 다른 민족에게 점령당하고
있는 것을 원통하게 생각하며, 기회만 있으면 다시 한인의 천하로
만들겠다고 결심했다.

나중에 진(陳)을 멸망시켜 천하를 통일했다. 그가 수(隋)의 고조
문제(文帝)이다. 이 문제의 황후인 독고황후(獨孤皇后)는 남편이 마

침내 천하를 빼앗기 위해 궁중으로 들어가 있을 때 사람을 보내어
말을 전했다.

"하루 천 리를 달리는 호랑이를 탄 이상 도중에서 내릴 수는 없
습니다. 도중에서 내리면 잡혀 먹히고 말 것입니다."

기 호 지 세 부 득 하 호
騎虎之勢不得下虎

양견은 용기를 북돋워주는 아내의 말에 격려되어 뜻을 이루고 말
았다는 이야기이다.

騎 말탈   기

• 騎馬(기마) : 말을 탐.

勢 기세   세

• 時勢(시세) : ① 그때의 형세. ② 물건의 시장 가격.

奇貨可居

기 화 가 거

진기한 물건을 사서 잘 보관해 두면 나중에 큰
이익을 볼 수 있다는 뜻으로, 좋은 기회를 놓치
지 말자는 말이다.

출전 : 사기(史記)

진(秦)나라의 태자 안국군(安國君)의 서자인 자초(子楚)가 인질로
조(趙)나라에 살고 있었다.

여불위(呂不韋)는 거상으로서 조나라의 수도 한단(邯鄲)에 자주 드
나들었기 때문에 이러한 사실을 잘 알고 있었다. 여불위는 진으로

가서 그를 정비 화양부인의 아들로 입양시키는 데 공을 세웠다. 다시 말해서 여불위의 재력과 웅변은 한낱 불우한 서자였던 자초를 태자로 삼는데 마침내 성공한 것이다.

그리고 여불위 자신의 아이를 배고 있던 조희(趙姬)를 순진한 자초에게 시집보냄으로써 자기의 핏줄을 왕좌에 앉게 하였다. 그 자식이 바로 시황제로 여불위의 야망은 달성된 것이다.

자초라는 진기한 물건, 즉 기화(奇貨)는 여불위의 손아귀에 들어가 드디어 값이 뛰어오른 것이다.

奇 기이할 기

• 奇薄(기박) : 일이 뒤틀리고, 운수가 사납고 고생스러움.

貨 재화 화

• 貨幣(화폐) : 사회에 유통되는 교환의 매개.

洛陽紙價貴

낙 양 지 가 귀

낙양의 종이 값이 오른다는 뜻으로, 책이 호평을
받아 매우 잘 팔리는 것을 말한다.

출전 : 진서(晋書)

서진(西晋) 때에 좌사(左思)라는 사람이 있었다. 고독을 즐기는 성
격이라 남들과 사귀지도 않고 혼자서 쓸쓸하게 살고 있었는데, 방
에는 물론 뜰에까지 종이와 붓을 놓아두고 떠오르는 글귀가 있으면
곧 써두었다.

그렇게 하기를 십여 년, 마침내 삼도지부(三都之賦 : 세 도읍의 활

기찬 모습을 노래로 지어 세상 사람들은 놀라게 한 시)가 완성되었다.

귀족이나 부자들은 서로 다투어 삼도지부를 복사했다. 모두들 종이를 사서 복사하였으므로 마침내는 도읍지인 낙양(洛陽)의 종이 값이 올라가고 말았다는 것이다.

洛 물 락

• 京洛(경락) : 서울. 首都(수도)

價 값 가

• 價値(가치) : 값어치. 값.

難兄難弟
난 형 난 제

옛날에는 연년생으로 아이를 낳았기 때문에 형과
동생을 구별하기가 힘들었다고 해서, 어느 편이
더 낫고 어느 편이 못하다고 하기가 곤란한 경우
에 사용하는 말이다.

출전 : 세설신어(世說新語)

후한(後漢) 때의 일이다. 사촌끼리 서로 자기 아버지의 덕행과 공
적을 자랑하며 서로 자기 아버지가 더 훌륭하다고 주장을 했으나
결론이 나지 않았다. 그래서 할아버지인 진식(陳寔)에게 판정을 내

려줄 것을 요구했다. 진식은 이렇게 말했다.

"형도 훌륭한 동생의 형 노릇 하기가 어렵고, 동생도 훌륭한 형의 동생 노릇 하기가 어려운 형편이니 누가 훌륭하고 누가 보다 못하다는 것을 가릴 수 없다"

백중(伯仲)과 같은 뜻이다.

難 어려울 **난**

• **難局(난국)** : 어려운 판국.

兄 맏 **형**

• **老兄(노형)** : 동년배 사이에서 대접하여 부르는 말.

南柯一夢

남 가 일 몽

남쪽으로 뻗은 나뭇가지 밑에서의 한 꿈이라는
뜻으로, 사람의 덧없는 일생과 부귀 영화를 비유
해 쓰는 말이다.

출전 : 태평광기(太平廣記)

당(唐)나라 덕종(德宗) 때 순우분(淳于棼)이라는 사람이 있었다. 그
의 집 남쪽에는 큰 느티나무가 한 그루 있었다. 어느 날 순우분이
그 나무 밑에서 잠을 자고 있는데, 사나이 둘이 나타나서,

"국왕의 어명을 받들고 모시러 왔습니다."

라고 해서 그들을 따라 구멍 속으로 들어가자, 국왕은 환대하며 공주와 혼인을 시켜주고 태수로 임명하였다.

태수가 된 그는 그 뒤 정치를 잘 하여 태평성대를 누리게 되었다. 그의 명망은 날로 널리 퍼져 나가서 마침내 국왕은 그를 불안하게 생각하고 그를 다시 고향으로 돌려보냈다.

이때 순우분은 잠에서 깨어나 보니 자신이 느티나무 밑에서 자고 있음을 깨달았다. 꿈이 너무나 생생하여 느티나무 뿌리 밑을 파보니 개미 구멍이 나왔다. 그 구멍 속을 들여다보니 그곳은 자신이 꿈 속에서 가 본 곳과 매우 흡사하였다.

순우분은 감개무량하여 그대로 덮어두었는데, 그날 밤 큰비가 내려 아침에 다시 가니 그 개미 구멍은 흔적도 없었다. 그는 꿈으로 인해 인생의 허무함을 깨닫고 술과 여자를 멀리하여 도술(道術)에 전념하게 되었다.

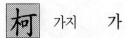 가지 가

• 柯葉(가엽) : 가지와 잎.

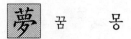 꿈 몽

• 夢想(몽상) : 실현성이 없는 헛된 생각.

濫觴

남 상

큰 배를 띄우는 큰 강물도 그 첫 물줄기는 겨우
술잔을 띄울 정도의 적은 물이라는 데서 나온 말
로, 모든 사물의 시초·근원을 일컫는다.

출전 : 순자(筍子)

자로(子路)가 화려한 옷차림으로 공자를 찾아뵈었다.
"자로야, 그 화려한 옷은 웬일인가?"
공자는 이렇게 묻고 나서 다음과 같은 이야기를 들려주었다.
"예로부터 양자강은 민산(岷山)에서 흘러 나오는데, 그 근원은 술잔을 띄울 정도의 적은 물이다. 그것이 나루터 근처에 오면 물도 붇고 물살도 빨라져 배를 띄우지 않으면 건널 수 없게 되고, 바람이 없는 날을 택하지 않으면 건너가지도 못하게 된다."

공자는 사물의 시초가 중요하며 처음이 나쁘면 뒤로 갈수록 심해진다는 점을 알리고 싶었다.

자로는 즉시 반성하고 급히 그 자리를 떠나 옷을 갈아입고 왔다.

濫 넘칠　람

• 濫發(남발) : ① 함부로 발행함. ② 말을 함부로 함.

觴 술잔　상

• 觴詠(상영) : 술을 마시며 시가를 읊음.

南風不競

남 풍 불 경

남방 지역의 풍악은 미약하고 생기가 없다는 말
로, 일반적으로 기세를 떨치지 못할 때 비유한
말이다.

출전 : 춘추좌씨전(春秋左氏傳)

춘추시대 말엽의 일이었다.

초나라 군사가 출동했다는 소문이 진나라에 퍼지고 있었다. 그러
나 진의 악관(樂官)이 말하기를,

"뭐 대단한 일은 없을 것이다. 나는 전부터 남방의 노래와 북방

의 노래를 연구했는데 남방의 음조는 미약해서 조금도 생기가 없으
니(南風不競死聲多) 초군은 반드시 실패할 것이다.”

또 역술가 한 사람도

“금년 운수와 이달의 운 역시 서북방에 유리하다. 남군은 때를
얻지 못하고 있으니 실패할 것이다.”

風 바람 풍

• 風紀(풍기) : 풍속·풍습에 관한 기율.

競 다툴 경

• 競賣(경매) : 살 사람이 값을 다투어 부르게 하여 최고액 신청자
에게 파는 일.

囊中之錐
낭 중 지 추

주머니 안에 있는 송곳이라는 뜻으로, 송곳은 끝
이 뽀족하여 주머니를 뚫고 나오는 것처럼 재능
이 있는 사람은 많은 사람 중에 섞여 있어도 반
드시 나타나게 된다는 말이다.

출전 : 사기(史記)

　평원군은 문하 중에서 문무의 덕을 겸비한 스무 명의 사람과 함
께 초나라에 갈 것을 조왕과 약속했다. 열아홉 명까지는 쉽게 가려
냈으나 한 사람이 부족했다. 이때 모수(毛遂)라는 자가 찾아와 평원

군에게 자기를 넣어달라고 자청했다.

그러자 평원군이 그를 바라보며 말했다.

"현명한 선비가 세상에 있으면 주머니 안에 있는 송곳처럼 그 끝이 나타나는 법인데, 나는 아직 그대의 소문을 들은 적이 없소. 이것은 그대가 재능이 없는 까닭이오. 그대는 수행할 만한 능력이 없으니 머물러 있기를 바라오."

"저를 좀 더 빨리 주머니 속에 넣을 수 있었더라면 끝뿐만 아니고 자루까지 나왔을 것입니다."

하고 모수가 간청을 하니 평원군은 마침내 그와 함께 가기로 했다.

마침내 평원군은 모수의 힘에 결정적인 도움을 입어 초왕을 설득하는데 성공하게 되었다. 그후 모두들 모수를 우러러보게 되었다고 한다.

中 가운데 중

• **中庸(중용)** : 지나치거나 모자라지 않고 떳떳하며 알맞은 상태나 정도.

錐 저울 추

• **立錐(입추)** : 송곳을 세움.

老馬之智

노 마 지 지

아무리 하찮은 인간이라도 자기 나름대로의 장점
과 특징을 지니고 있음을 뜻한다.

출전 : 한비자(韓非子)

제(齊)나라의 환공(桓公)이 소국인 고죽(孤竹)을 토벌하고자 군사
를 일으켜서 진군하고 있을 때, 길을 잃어 헤매고 있었다. 이때 한
장군이 말했다.

"이런 때는 늙은 말이 본능적으로 길을 찾아낸다."

그래서 한 마리의 늙은 말을 골라 풀어주었더니 말은 어느 한 방향으로 걷기 시작했다. 늙은 말은 마침내 제길을 찾아 들어섰고, 병사들은 무사히 행군을 계속할 수가 있었다고 한다.

老 늙을　로

· **老鍊(노련)** : 오랜 경험을 쌓아 능란함.

智 슬기　지

· **智能(지능)** : 지혜와 능력.

老益壯

노 익 장

사람은 늙을수록 원기가 왕성하고 뜻을 더욱 굳게 해야 한다는 말이다.

출전 : 후한서(後漢書)

서한(西漢) 말년에 마원(馬援)이라는 장사가 있었다. 마원은 많은 죄수들을 압송하게 되었다. 도중에 죄수들이 고통을 못 이겨 비통하게 부르짖는 것을 보고 동정심이 우러나서 모두 풀어주어 도망치게 하고 자신은 북방으로 달아나고 말았다.

그는 수년간 가축을 길러 생활이 윤택해지고 많은 돈을 벌게 되자 가까운 친구나 이웃 사람들에게 나누어 주었다. 그러나 자기는 떨어진 양가죽 옷을 걸치고 소박한 식사를 하는 등 아주 근면한 생활을 했다.

그후 마원은 광무제 때 대장수가 되어 혁혁한 전공(戰功)을 세웠다. 그가 늘 입버릇처럼 중얼거린 말이 있었다.

대 장 부 위 자　궁 당 익 견　노 당 익 장
大丈夫爲者　窮當益堅　老當益壯
무릇 대장부가 뜻을 품었으면 어려울수록 굳세어야 하며 늙을수록 건강해야 한다.

益 더할　익

- 損益(손익) : 손해와 이익.

壯 씩씩할　장

- 壯觀(장관) : 굉장하여 볼 만한 광경.

累卵之危

누 란 지 위

높이 포갠 알이라는 뜻으로, 조금만 건드려도 무
너져 깨지고 마는 상태. 즉, 아주 위험한 상태에
처해 있는 것을 말한다.

출전 : 사기(史記)

전국시대 위(魏)나라에서 억울한 죄명으로 죽을 뻔한 끝에 살아난
범저(范雎)는 진(秦)나라 사신 왕계(王季)의 도움을 받아 진나라로
망명을 하게 된다.

"'진나라는 지금 알을 쌓아둔 것보다 더 위험하다. 나를 얻으면

안전하게 될 수 있다. 그러나 이것을 글로는 전할 수 없다'고 하는 터라 신이 데리고 왔습니다."

이렇게 하여 범저는 진왕에게 원교근공(遠交近攻)의 대외정책을 진언하고, 여러 가지 일에 큰 공적을 세웠다.

累 여러 루

• 累計(누계) : 많은 수나 양을 처음부터 합쳐감.

危 위태할 위

• 危篤(위독) : 병세가 매우 중하여 생명이 위태로움.

能書不擇筆

능 서 불 택 필

글씨를 잘 쓰는 사람은 붓을 가리지 않는다는 뜻
으로, 진정 도를 통한 사람이라면 붓 같은 재료
를 두고 트집을 잡지 않는다는 말이다.

출전 : 당서(唐書)

당(唐)시대에 서예(書藝)의 대표 인물로는 우세남(虞世南) · 저수량
(褚遂良) · 안진경(顔眞卿) · 구양순(毆陽詢) 등이 있었다.

저수량이 우세남에게 물었다.

"내 글씨와 구양순의 글씨를 비교하면 누가 더 잘 쓰느냐?"

우세남은 대답했다.

"구양순은 종이나 붓에 대해서는 일절 관심을 두지 않고 어떤 종이나 붓이냐든지 상관하지 않고 썼다네. 그러나 어떤 것을 써도 자신의 뜻대로 쓸 수가 있다고 하네. 그러나 자네는 아직 종이나 붓에 얽매여 있는 듯하므로 도저히 구양순을 따르지 못하네."

이 우세남의 말에는 저수량도 할 말이 없었다.

能 능할　능

• 能力(능력) : 어떤 일을 이룰 수 있는 힘.

擇 가질　택

• 採擇(채택) : 가려서 택함.

多岐亡羊

다 기 망 양

갈림길이 많아서 양을 잃어버렸다는 뜻으로, 학
문을 배우는 데 있어서 그 목적을 망각하고 부수
적인 것에 구애를 받게 되면 그 얻고자 하는 것
을 얻을 수 없다는 말이다.

출전 : 열자(列子)

양자(陽子)의 옆집에서 양 한 마리가 도망쳤다. 그래서 마을 사람
들까지 동원해 양을 찾으러 나섰지만 갈림길이 많아서 양이 어디로
갔는지 찾지를 못했다.

양자가 말하기를,

"큰 도는 갈림길이 많기 때문에 양을 놓쳐버리고, 학문하는 사람은 방법이 많기 때문에 본성을 잃는다."

대 도 이 다 기 망 양　　학 자 이 다 방　　상 생
大道以多岐亡羊　學者以多方　喪生

 많을 　다

- **多忙(다망)** : 매우 바쁨.

 망할 　망

- **亡命(망명)** : 자기 나라에서의 정치적 탄압을 피해 외국으로 옮김.

多多益善

다 다 익 선

많으면 많을수록 좋다는 말이다.

출전 : 사기(史記)

한고조(漢高祖) 유방(劉邦)은 천하를 통일했으나 항우와 싸웠던 장군들이 언젠가는 한(漢)에 위험한 존재가 되지 않을까 걱정하고 있었다. 고조는 한신(韓信)이 항우(項羽)의 장인이었던 종리매(鐘離昧)를 숨겼다는 죄목으로 한신을 강등시켜 회음후(淮陰侯)로 봉했다.

그리고 어느 날 고조는 이렇게 말했다.

"나는 도대체 어느 정도의 군사를 거느릴 수 있겠는가?"

하니 신하들이 말하기를,
"다다익선, 많으면 많을수록 좋습니다."
라고 대답했다고 한다.

多 많을   **다**

• 多寡(다과) : 많음과 적음.

善 착할   **선**

• 善隣(선린) : 사이가 좋은 이웃.

斷機之戒

단 기 지 계

짜던 베도 도중에 자르면 쓸모없이 되듯이, 학문
도 중도에 그만두지 말고 꾸준히 계속해야 한다
는 가르침이다.

출전 : 열녀전(烈女傳)

맹자(孟子)가 어렸을 때 공부를 마치고 돌아오니 맹자의 어머니가
베를 짜다가 그를 보고 물었다.
"공부가 어느 정도에 이르렀느냐?"
"다 끝낸 것이 아니고 어머님이 뵙고 싶어 잠시 다녀가려고 왔습

니다."

맹자의 어머니는 그의 말을 듣자마자 아무 말 없이 칼을 집어들어 짜고 있던 베를 잘라버렸다.

"네가 공부를 도중에 그만둔다면 내가 짜던 베를 다 마치지 못하고 끊어버리는 것과 같다."

맹자의 어머니는 태연히 말했다.

"사람이 학문을 닦지 않으면 도둑이 되거나 남의 심부름꾼밖에 될 것이 없다."

고 타일러 보냈다고 한다. 맹자는 느낀 바 있어 아침저녁으로 쉬지 않고 공부하여 마침내 천하의 이름난 학자가 되었다.

斷 끊을 **단**

• 斷食(단식) : 일정한 기간 의식적으로 음식을 먹지 아니함.

戒 경계할 **계**

• 訓戒(훈계) : 타일러서 경계함.

斷腸

단 장

창자가 끊어진다는 뜻으로, 매우 슬프고 애절한
사실을 비유하는 말이다.

출전 : 세설신어(世說新語)

환온이라는 사람이 촉나라로 가던 도중 삼협을 지날 때 원숭이
새끼 한 마리를 붙잡아 가지고 배로 돌아왔다. 그런데 그것을 본
어미 원숭이가 강가에서 슬프게 울어댔다.

그러나 배는 무정하게도 그대로 떠났다. 그러나 어미 원숭이는
계속 쫓아오면서 새끼 원숭이를 보고 울부짖었다. 끝내 그 어미 원

숭이는 죽고 말았다. 나중에 그 원숭이의 배를 갈라보니 창자가 토
막토막 잘라져 있었다고 한다. 그것은 너무나도 슬퍼했던 까닭이다.
　이때부터 참을 수 없고 견딜 수 없는 슬픔을 단장이라고 말하게
되었던 것이다.

斷 끊을　단
・斷食(단식) : 일정한 기간 의식적으로 음식을 먹지 않음.

腸 창자　장
・灌腸(관장) : 약물을 항문으로 직장에 주입하는 일.

螳螂之斧
당 랑 지 부

당랑이란 사마귀를 말하며 부(斧)란 도끼를 말한
다. 사마귀가 앞다리를 쳐드는 모습이 마치 도끼
를 휘두르는 것 같은 데에서 비롯된 말이다. 자
기 힘을 생각하지 않고 강적 앞에서 날뛰는 것에
비유해서 쓴다. 당랑거철(螳螂拒轍)도 같은 뜻
이다. 즉, 사마귀가 수레의 앞길을 가로막는다는
뜻이다.

출전 : 한시외전(韓詩外傳)

　제나라의 장공(莊公)이 사냥을 나갔다가 한 마리의 사마귀가 금방 수레 밑에 깔릴 지경인데도 앞발을 치켜들고 수레를 향하여 덤벼들려고 하는 모습을 보았다.

　"저 벌레가 만약 인간이었다면 아마도 천하에 비교할 데 없는 용사였을 것이다."

　그리고는 수레를 돌려 피해 갔다고 한다.

螳　사마귀　당

• 螳螂(당랑) : 사마귀. 버마재비.

斧　도끼　부

• 斧柯(부가) : 도끼 자루.

大器晚成

대 기 만 성

큰 그릇은 오랜 시간이 지난 뒤에라야 완성된다
는 뜻으로, 큰 인물은 늦게 성공한다는 말이다.

출전 : 노자(老子)

삼국시대 위나라에 최염(崔琰)이라는 유명한 장수가 있었다.

정사(正史) 《삼국지》에서 그의 목소리는 유연하고 모습은 한층 눈
에 띄며 수염이 4척이나 되는 이 장수를 무제가 누구보다도 신임하
고 친근히 여겼다는 기록이 있다. 최염에게는 사촌인 최림(崔林)이
있었는데 친척들에게 바보 취급을 받는 것을 보고,

"아우는 소위 대기만성형이다."
라고 말하며 그의 인물됨을 평했다.
늦게나마 최림은 벼슬자리에 올랐다고 한다.

器 그릇 기

・器具(기구) : 세간・그릇・연장 등의 총칭.

晚 늦을 만

・晚年(만년) : 사람의 일생에서 나이 많은 노인의 시절.

道不拾遺
도 불 습 유

정치가 잘 되어가면 길가에 떨어진 타인의 물건
을 주워 가지지 않는다는 뜻으로, 나라가 태평하
고 백성들이 잘살고 있는 것을 비유한 말이다.

출전 : 사기(史記)

노(魯)의 정공(定公) 14년, 56세가 된 공자는 재상으로서 직무를
보았다. 그로부터 3개월이 지나자 공자의 덕화 정책은 노나라 구석
구석에까지 미쳤다. 사람들은 길에 떨어진 것을 줍지 않고, 평화스
럽게 잘 지냈다고 한다.

拾 주울 **습**

• **收拾(수습)** : 흐트러진 사태를 거두어 바로잡음.

遺 끼칠 **유**

• **遺棄(유기)** : 내버림.

桃園結義
도 원 결 의

복숭아나무 정원에서 의를 맺는다는 뜻으로, 전혀 다른 인격체들이 사사로운 욕심이나 야망을 뒤로 한 채 몸과 마음을 어떤 목적을 향해 같이 하는 것을 의미한다.

출전 : 삼국지연의(三國志演義)

유비(劉備)와 장비(張飛), 그리고 관우(關羽) 세 사람은 술을 마시며 이야기하는 동안 서로 뜻이 맞아 함께 천하를 위해 손잡고 일하기로 결심했다. 이리하여 장비의 청으로 유비의 집 후원 복숭아나

무 아래에서 세 사람이 형제의 의를 맺고 힘을 합쳐 천하를 위해
일하기로 맹세하게 되었다.

세 사람은 3백여 명의 젊은이들을 이끌고 황건적 토벌에 가담하
게 되었고, 뒤에 제갈공명을 삼고초려로서 맞아들인 유비는 조조(曹
操)·손권(孫權)과 함께 천하를 삼등분하여 삼국시대를 이루었다.

桃 복숭아 도

· 桃李(도리) : 복숭아와 오얏. 또는 그 꽃이나 열매.

結 맺을 결

· 結婚(결혼) : 시집가고 장가 듦. 婚姻(혼인)

義 옳을 의

· 義捐金(의연금) : 자선과 공익을 위하여 금전을 내어 도와줌.

道聽塗説
도 청 도 설

길에서 듣고 길에서 얘기한다는 뜻으로, 사실 무
근의 풍문을 곧이곧대로 받아들인다는 뜻이다.

출전 : 논어(論語)

　앞의 길에서 들은 좋은 말을 마음에 간직해서 자기 수양의 길잡
이로 삼지 않고, 후의 길에서 바로 다른 사람에게 말해 버리는 것
은 스스로 그 덕을 버리는 것과 같은 것이다. 좋은 말은 전부 마음
에 잘 간직해서 자기 것으로 하지 않으면 덕을 쌓을 수가 없다.

도 청 이 도 실 덕 지 기 야
道聽而塗說德之棄也

 바를 도

· 塗褙(도배) : 벽·반자 등을 종이로 바름.

説 말씀 설

· 説明(설명) : 풀이하여 밝힘.

塗炭之苦

도 탄 지 고

진흙의 숯불 속에 떨어진 것 같은 괴로움을 나
타낸 말로, 견딜 수 없는 고통 속에 빠져 있음을
뜻한다. 즉, 생활 형편이 몹시 곤란함을 말한다.

출전 : 서경(書經)

하(夏)의 걸왕(桀王)의 학정(虐政)을 비난하는 말은 《서경》에서 볼
수 있다. 이 책에서는 '유하혼덕(有夏昏德)하여 백성이 도탄(塗炭)에
떨어지다.'라고 했다.

걸왕의 부덕과 악랄한 행위에 의해 백성들이 받은 말할 수 없는

고난을 여기서는 한마디 말로 '백성이 도탄에 떨어지다'라고 표현
했다. 이것이 오늘날 도탄의 괴로움이란 말의 어원이 되었다.

塗 바를 　도

• 塗料(도료) : 페인트와 니스.

炭 숯 　탄

• 炭鑛(탄광) : 석탄을 파내는 광산.

獨眼龍

독 안 룡

애꾸눈으로 용감하고 씩씩한 장수를 일컫는 말
이다.

출전 : 오대사(五代史)

당(唐)나라 때 산동 일대의 농민 봉기의 기세를 타고 황소(黃巢)
가 난을 일으켰다. 대중들의 환호 속에 제제(齊帝)라 칭하여 대제국
을 세웠다.

당나라의 희종(僖宗)은 난을 피하고 있다가 이극용(李克用)을 기용
하여 반격 태세를 갖추어 나갔다. 이 이극용에 대해 《오대사》에는

다음과 같이 기록되어 있다.

'이극용은 그의 눈이 애꾸였으므로, 그가 높은 신분이 되자 독안룡이라 불렀다.'

모두들 독안룡을 두려워하여 떨었다고 한다.

獨 홀로 독

• 孤獨(고독) : 외로움.

眼 눈 안

• 眼目(안목) : 사물을 분별하는 견식.

同病相憐

동 병 상 련

같은 병을 앓는 사람끼리 서로 불쌍히 여긴다는
뜻으로, 비슷한 처지에 있는 사람끼리 더욱더 상
대를 동정한다는 말이다.

출전 : 오월춘추(吳越春秋)

오자서(吳子胥)는 원래 초(楚)나라 사람으로 아버지와 형이 역적
누명을 쓰고 죽자, 오(吳)나라로 망명하였다. 오자서를 공자광(公子
光)에게 추천한 사람은 관상을 잘 보는 피리(被離)라는 사람이었다.

결국 공자광은 오자서의 힘으로 오나라의 왕이 되었으며 이름을

합려(闔閭)로 고쳤다. 오자서가 오나라의 실권을 잡고 있을 때 초나
라에서 백비라는 사람이 찾아왔다. 그의 아버지도 오자서의 아버지
처럼 억울하게 죽임을 당했기 때문에 오자서에게 의탁하기 위해서
였다.

오자서는 백비를 합려에게 천거하여 대부의 벼슬에 앉게 하였다.

이때 피리는 합려에게 백비는 잔인한 상이므로 멀리 하라고 충고
했다. 그러나 오자서는 같은 병을 앓는 사람은 서로 불쌍히 여기고,
같은 근심이 있는 사람은 서로 구원한다는 말로 일축했다.

그러나 과연 백비는 적국인 월나라의 뇌물을 받고 이적 행위를
하여 결국은 오자서를 자살하게 만들었다. 오자서는 동병상련으로
그를 이끌어 주었지만 백비는 그 은공을 원수로 갚고 말았다.

病 병들 병

• 病床(병상) : 병든 사람이 누워 있는 침상.

憐 불쌍히 여길 **련**

• 憐憫(연민) : 불쌍히 여김. 가엾이 여김.

得隴望蜀
득 롱 망 촉

농을 얻고 촉을 탐낸다는 뜻으로, 인간의 욕심이 한이 없다는 것을 말한다.

출전 : 후한서(後漢書)

삼국시대 조조·유비·손권이 서로 천하 패권을 잡고자 할 때이다. 유비가 손권과 일을 벌이고 있는 틈을 타 조조는 한중(漢中)을 공략하고 양평관(陽平關)에서 남정으로 들어갔다. 이때 조조의 막하에 있었던 사마의(司馬懿)가 조조에게 말했다.

"군사를 진격시켜 습격한다면 반드시 격파할 수 있습니다."

조조가 대답하기를,

"인간이란 족함을 모르는 것이다. 이미 농(隴)을 손에 넣었으니 그 이상 촉을 바라볼 필요가 어디에 있겠는가."

라고 말했다고 한다.

得 얻을 득

· **利得(이득)** : 이익을 얻음.

望 바랄 망

· **責望(책망)** : 못마땅히 여겨 꾸짖음.

登高自卑
등 고 자 비

높은 곳에 오르려면 낮은 곳에서부터 올라가야
한다는 뜻으로, 매사에 순서를 밟고 행동을 해야
한다는 말이다.

출전 : 중용(中庸)

"군자의 도는 비유컨대 먼 곳을 감에는 반드시 가까운 곳에서부
터 출발함과 같으며, 높은 곳에 오름에는 반드시 낮은 곳으로부터
출발함과 같다."

《시경》에 '처자의 어울림이 거문고를 타는 듯, 형제 진작 뜻맞아

즐겁고도 즐겁나니, 나의 집안 화목케 하며, 너의 처자 즐거우리라'
하고 노래한 바 있는데, 공자는 이 시를 읊고 나서
"부모는 참 안락하시겠다."
고 말했다.

군 자 지 도　　벽 여 행 원 필 자 이 벽 여 등 고 필 자 비
君子之道　辟如行遠必自邇辟如登高必自卑

시 왈　　처 자 호 합　　여 고 슬 금　　형 제 기 흡　　화 락 차 탐
詩曰　妻子好合　如鼓瑟琴　兄弟旣翕　和樂且耽

선 이 실 가　　악 이 처 노　　자 왈　　부 모 기 순 의 호
宣爾室家　樂爾妻努　子曰　父母其順矣乎

 登 오를 등

・登錄(등록) : 문서나 장부에 올림.

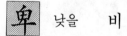 卑 낮을 비

・卑怯(비겁) : 비열하고 겁이 많음.

登龍門

등 용 문

용이 되어서 하늘로 올라가는 문이라는 말로, 입
신출세의 관문이라는 의미로 쓰인다.

출전 : 후한서(後漢書)

용문(龍門)이란 황하 상류에 있는 협곡의 이름으로 일명 하진(河
津)이라고도 한다. 이 근처는 물의 흐름이 빨라서 그 흐름을 거슬러
오르는 물고기는 거의 없다고 한다.

그 중에서 급류를 타고 넘는 물고기는 곧 용으로 변한다고 한다.
따라서 용문으로 오른다는 것은 대단한 난관을 돌파해서 약진하는 기회를 얻는 것을 뜻한다.

登 오를　등

• 登用(등용) : 인재를 뽑아서 씀.

龍 용　룡

• 龍馬(용마) : 아주 잘 달리는 말.

馬耳東風
마 이 동 풍

말의 귀를 스치는 동풍이라는 뜻으로, 다른 사람의 의견이나 충고 등을 전혀 상대하지 않는 것을 말한다. 우리 속담 소 귀에 경 읽기라는 말과 동일하다.

출전 : 이백(李白)

이백(李白)의 시에 나온 말로, 고결하고 뛰어난 인물은 지금 세상에서는 쓰이지 못함을 한탄한 것이다.

북쪽 창에 기대어 시를 읊거나 시를 짓는다. 그러나 그것이 아무리 걸작품이라고 해도 지금 세상에서는 아무런 가치도 없다.

그러한 명시를 들어도 동풍이 말의 귀를 스치는 정도로밖에 생각지 않는다. 이백은 비분하며 원래 중국은 무(武)보다 문(文)을 중시하는 나라로 문의 힘이 한 나라를 망하게 하기도 하고, 반대로 흥하게도 한다고 읊었다.

馬 말 마

· 馬脚(마각) : ① 말의 다리. ② 숨기려던 본성.

風 바람 풍

· 風紀(풍기) : 풍속·풍습에 관한 기율.

莫逆之友

막 역 지 우

더할 나위 없이 친한 허물 없는 친구, 마음에 조
금도 거슬림이 없는 둘도 없는 친구를 일컫는다.

출전 : 장자(莊子)

자상호(子桑戶)·맹자반(孟子反)·자금장(子琴張), 이 세 사람이 서
로 이야기하기를 '누가 능히 서로 사귀지 않는 속에서 사귀고, 서로
하는 일이 없는 가운데 행함이 있겠는가. 누가 능히 하늘에 올라
안개 속에 놀고 무한한 우주 속을 돌아다니며 삶을 잊고 무한을 즐
길 수 있겠는가?' 하고는 서로 바라보며 웃었다.

이 세 사람은 마음에 거슬림이 없는지라 서로 친구가 되었다.

삼 인 상 시 이 소 　 막 역 어 심 　 수 상 여 우
三人相視而笑　莫逆於心　遂相與友

이 막역어심(莫逆於心)에서 막역지우(莫逆之友)나 막역(莫逆)이라
는 말이 생겨 친우를 가리키게 되었다.

莫 아닐 막

・莫重(막중) : 아주 귀중함. 아주 중요함.

逆 거스를 역

・逆旅(역려) : 여관. '나그네를 맞이한다'는 뜻.

挽歌
만 가

수레를 끌면서 부르는 노래라는 뜻으로, 즉 상여
를 메고 갈 때 죽은 사람을 애도하며 부르는 노
래를 말한다.

출전 : 춘추좌씨전(春秋左氏傳)

한조(漢朝) 무제(武帝)는 아부(樂府)이라는 국립 음악원을 만들어
이연년(李延年)을 총재에 임명했다. 이연년은 전기 2장을 나누어 두
곡으로 만들고 전자는 공경귀인(公卿貴人)을, 후자는 사부서인(士夫
庶人)을 송장(送葬)하며 관을 끄는 자에게 부르게 했다. 사람들은 그

것을 보고서 만가(挽歌)라고 부르게 되었다. 죽음을 조상하는 말을 만(輓, 挽)이라고 하는 것은 여기서 유래되었다고 한다.

挽　당길　　만

• 挽留(만류) : 붙잡고 말림.

歌　노래　　가

• 歌舞(가무) : 노래와 춤.

萬事休矣
만 사 휴 의

어떤 사태에 직면해서 뜻하지 않은 실패를 맛보
아 되돌릴 수 없게 된 경우의 절망과 체념의 상
태를 말한다.

출전 : 송사(宋史)

보훈(保勛)은 어린 시절 종회의 총애를 받고 있었기 때문에 사람
이 화를 내는 것을 보면 웃음으로 얼버무려서 그 사람의 기분을 맞
추곤 했다. 그래서 형남(荊南) 사람들은
"만사휴의."

즉, 모든 것은 끝장이라고 생각했었다.

과연 그는 정권을 이어받자 굉장한 누각을 세워 민력을 소모시켜 원한을 샀고, 정치는 어지러워졌다. 그가 죽자 반정을 송에게 반환하고 형남은 망해 버렸다.

 萬 일만 **만**

· 萬全(**만전**) : 아주 완전함.

休 쉴 **휴**

· 休暇(**휴가**) : 학업·근무를 일정한 기간 쉬는 일.

矣 어조사 **의**

· 萬事休矣(**만사휴의**) : 온갖 일이 어찌할 도리가 없어짐.

亡國之音
망 국 지 음

나라를 망하게 하는 음악이라는 뜻으로, 쓸데없
는 일에 지나치게 정신을 쏟는 것을 말한다.

출전 : 한비자(韓非子)

위(衛)의 영공(靈公)이 진(晉)나라로 가는 도중 절묘한 음악이 들
려왔다. 영공은 동행하던 사연(師涓)에게 그 악보를 익히게 했다.

진에는 사광(師曠)이라는 악사장이 있었는데 사연이 연주하는 그
음악을 듣고서 말했다.

"이 곡은 새로운 음악이 아니고 이것이야말로 망국지음입니다."

사광은 또 다음과 같이 설명했다.

"은나라 주왕(紂王)이 자신을 위해 음악곡을 만들어 달라고 부탁하니 부탁받은 사람이 음탕한 곡을 지어 바쳤던 바 왕은 그 곡에 빠져 밤낮을 가리지 않고 들었습니다. 주왕은 악덕무도해서 주무왕에게 멸망당했습니다.

그후부터 사람들은 이 곡을 망국지음이라 하였습니다."

亡 망할 망

• 亡兆(망조) : 망할 징조.

音 소리 음

• 音痴(음치) : 음악을 이해나 감상을 하지 못함.

麥秀之嘆
맥 수 지 탄

맥수(麥秀)란 보리가 무성하다는 말로, 옛날의
영화를 자랑하던 도읍에 보리가 무성해 있는 것
을 보고 고국의 멸망을 탄식한 데에서 나온 말
이다.

출전 : 사기(史記)

은(殷)에 삼인(三仁)의 한 사람인 기자(箕子)가 주왕의 도읍으로
가던 도중 은의 옛성 근처를 지나게 되었다. 전에는 번영을 다했던
자리이건만 이제는 폐허가 되어 황폐해진 궁전터에 보리와 벼가 무

성해 있는 것을 보고 금석지감에 젖어 맥수지시(麥秀之詩)를 지어 읊었다.

맥 수 점 점 혜
麥秀漸漸兮
옛 궁궐터에는 보리만 무성하다.

여기에서 망국지탄(亡國之嘆)을 맥수지탄이라 말하게 되었다.

 보리　맥

- **麥酒(맥주)** : 비어. 엿기름에 홉(hop)을 넣어 발효시킨 술.

 빼어날　수

- **俊秀(준수)** : 재주 · 지혜 · 풍채가 뛰어남.

盲人摸象
맹 인 모 상

눈먼 장님이 코끼리를 만지는 식으로, 사물의 일
부만을 알면서 함부로 전체에 대한 결론을 내리
는 좁은 견해를 말한다.

출전 : 날반경(涅槃經)

코끼리를 어루만진 장님들을 국왕이 가까이 불러 코끼리의 형상
에 대해서 물었다. 그 중 코끼리의 이빨을 만져본 한 장님이 대답
했다.

"코끼리의 형상은 굵고 큰 무와 같습니다."

코끼리의 귀를 만져본 다른 장님이 말했다.

"코끼리의 형상은 쌀을 까부는 키와 같습니다."

코끼리의 발을 만져본 장님이 말했다.

"코끼리의 형상은 절구질하는 절구통과 같습니다."

코끼리의 등을 만져본 다른 장님이 나섰다.

"제가 보기엔 흡사 평탄한 침대와 같은 줄 압니다.

코끼리의 뱃가죽을 만져본 장님은 이렇게 말했다.

"코끼리의 형상은 배가 툭 튀어나온 옹기와 같습니다."

그러자 마지막으로 코끼리의 꼬리를 만져본 장님이 큰 소리로 외쳤다.

"코끼리의 모습은 굵은 밧줄과 꼭 같습니다."

이들은 각기 자기의 견해가 옳다고 역설했다. 그것은 장님들이 만져본 것은 코끼리 몸의 일부분이었기 때문이다.

盲 소경 **맹**

• 文盲(문맹) : 글을 모르는 무식한 사람.

摸 더듬어 찾을 모

• 摸倣(모방) : 본받음.

明鏡止水

명 경 지 수

깨끗하고 밝은 거울이요, 움직임이 없고 고요히
괴어 있는 물을 뜻하는데, 잡념과 사리사욕이 없
는 깨끗한 마음에 비유되어 쓰인다.

출전 : 장자(莊子)

　"덕이 있는 사람의 마음가짐은 저 환하게 맑은 거울에 비유할 수
있을 것이다. 미인이 오면 미인을 그대로 비추고 추부(醜婦)가 오면
추부를 그대로 비추어 어떤 것이라도 응접을 하지만 그 자취는 남
기는 일이 없다."

라고 장자(莊子)는 말했다.

무릇 사람들이 자기 모습을 물에 비추어 보려고 할 때에는 흐르는 물이 아니라, 고요히 괴어 있는 물을 거울로 삼을 것이다. 그처럼 언제나 변함이 없는 마음을 지니고 있는 사람만이 타인에게도 마음의 안정을 줄 수 있기 때문이다.

明 밝을 **명**

• 明晳(명석) : 분명하고 똑똑함.

止 그칠 **지**

• 止血(지혈) : 피가 나오다가 그침.

毛遂自薦
모 수 자 천

모수(毛遂)라는 사람이 스스로 자기 자신을 천
거했다는 뜻으로, 자기가 자신을 추천함을 이르
는 말이다.

출전 : 사기(史記)

　전국시대에 진(秦)이 조(趙)를 포위하자 조나라의 혜문왕(惠文王)
은 동생인 평원군(平原君)을 초(楚)나라로 파견하여 구원병을 요청
하기로 하였다. 그리하여 대동할 수행원 스무 명을 선발하였는데,
열아홉 명은 뽑았으나 나머지 한 명은 적임자가 없었다. 이때 모수

라는 사람이 나서며 스스로를 천거하였다. 이에 평원군이 말했다.

"내가 그대에 대해서 들은 바가 없소. 그대가 현명한 선비라면, 송곳이 주머니 속에 있는 것처럼 그 끝이 즉시 나타나게 마련이오. 그런데 다른 사람이 아직도 그대를 칭찬한 일이 없소. 이것은 그대가 아무 재능도 없는 까닭이니 물러가 있으시오."

"저는 오늘 비로소 주머니 속에 넣어주기를 원하였을 뿐입니다. 좀 더 빨리 주머니 속에 들어갈 수 있었다면, 그 끝뿐만이 아니라 송곳의 자루까지 튀어나왔을 것입니다."
라고 모수가 대답하였다.

이렇게 해서 모수는 평원군을 따라 초나라로 갔다. 그리고 모수의 맹활약으로 구원병을 얻어내는 데 성공하였다.

毛 털 모

• 毛織(모직) : 짐승의 털로 짠 피륙.

薦 천거할 천

• 推薦(추천) : 인재를 천거함.

矛盾
모 순

창과 방패라는 뜻으로, 앞뒤가 맞지 않는 말이나
행동을 이른다.

출전 : 한비자(韓非子)

초(楚)나라 사람 중에 창과 방패를 파는 사람이 있었는데, 먼저
방패를 자랑하며 말하였다.

"내 방패의 견고함은 그 어느 것으로도 뚫을 수가 없다."

그리고 이번에는 창을 집어들고 자랑하며 말했다.

"내 창의 날카로움은 그 어떤 것도 뚫지 못하는 것이 없다."

그러자 그 옆에 있던 어떤 사람이

"그렇다면 당신의 창으로 당신의 방패를 뚫으면 어떻게 되겠습니까?"

라고 물으니 그 사람은 아무 대답도 할 수가 없었다. 그 사나이는 급히 도구를 챙겨 가지고 슬금슬금 사람들 속으로 모습을 숨기고 말았다.

矛　창　　모

- 矛戟(모극) : 창날의 끝이 두 갈래로 갈라진 창.

盾　방패　순

- 矛盾(모순) : 말이나 행동의 앞뒤가 서로 맞지 아니함.

武陵桃源

무 릉 도 원

속세와 완전히 동떨어진 별천지, 곧 평화롭고 조
용한 이상향(理想鄕)을 이르는 말이다.

출전 : 도연명집(陶淵明集)

진(晋)나라 무릉(武陵) 땅에 사는 한 어부가 배를 타고 시냇물을
따라 올라가던 중 문득 양쪽 언덕이 온통 복숭아 숲으로 덮여 있는
곳에 이르렀다. 그곳에는 조그만 바위굴이 하나 있었고, 그 속에서
빛이 새어나오고 있었다.

어부는 동굴 안으로 들어가 보았다. 그 속에는 넓은 들이 나타났

고, 남녀노소들이 즐거운 표정으로 생활하고 있었다. 이곳 사람들은 어부를 환대하며 바깥 세상의 이야기를 물었다. 그들은 옛날 진(秦)나라의 학정을 피해 이곳으로 도망온 사람들의 후예로 외부 세계와 단절된 생활을 하고 있었다. 어부는 돌아오는 길에 이곳 저곳에 표시를 남겨두었다.

집으로 돌아온 어부는 곧 군의 태수를 찾아가 자기가 경험한 이야기를 했다. 태수도 크게 흥미가 일어 사람을 시켜 다시 그곳을 찾게 하였으나 어부가 돌아올 때 표시해 두었던 것이 없어져 길을 찾을 수가 없었다.

陵 언덕 릉

• 王陵(왕릉) : 임금의 무덤.

桃 복숭아 도

• 桃仁(도인) : 복숭아씨.

無恙
무 양

아무 탈이 없다는 뜻으로, 매사가 무사함을 의미
하는 말이다.

출전 : 전국시대(戰國時代)

제나라 왕이 조나라 위태후(威太后)에게 사신을 보내어 안부를 묻
게 하였다. 위태후는 사신이 올리는 글을 뜯어보기도 전에 먼저 이
렇게 물었다.

"해도 무양한가, 백성도 무양한가, 왕도 무양한가?"

세 역 무 양 야　　민 역 무 양 야　　왕 역 무 양 야
歲亦無恙耶　民亦無恙耶　王亦無恙耶

해가 무양한가는 농사가 풍년인가라는 뜻이다. 그러자 그 뜻을
이해 못 한 사신은 임금의 안부부터 묻지 않는다고 불평을 했다.

그러자 태후는 '풍년이 들고 난 다음이라야 백성은 그 생활을 유
지할 수가 있고 백성이 편안한 뒤라야 임금은 그 지위를 보존할 수
가 있으니 그 근본부터 먼저 묻는 것이 순서'라고 사신에게 충고를
했다고 한다.

 없을　무

· 無謀(무모) : 신중성 없는 생각.

恙 근심　양

· 無恙(무양) : 몸에 탈이 없음.

無用之用

무 용 지 용

아주 쓸모없이 보이는 것이 때로는 어느 것보다
더 쓸모가 있다는 뜻이다.

출전 : 장자(莊子)

"사람은 다 유용한 용만 알고 무용의 용은 알려고 하지 않는다."

인 개 지 유 용 　　 지 용 이 막 지 무 용 지 용 야
人皆知有用　之用而莫知無用之用也

장자가 제자 한 사람과 길을 떠나 산길로 접어들었을 때, 가지가 무성한 큰 나무를 보았다. 그런데 부근에 있는 나무꾼은 이 큰 나무에는 손을 대려고 하지 않았다. 그 까닭을 물으니, 이 나무는 잘라 봐야 아무 쓸모가 없기 때문이라고 대답하였다.

장자가 제자에게 말했다.

"이 나무는 쓸모가 없는 덕택으로 자기의 천수를 다할 수가 있었군."

차 목 이 불 림 득 기 천 년
此木以不林得其天年

無 없을 무

• 無聊(**무료**) : 심심함.

用 쓸 용

• 用例(**용례**) : 무엇의 사용을 보여주는 예.

刎頸之交

문 경 지 교

목이 잘려도 괘념치 않는 절친한 교제라는 뜻으로, 생사를 같이하려는 사귐. 또는 그러한 벗을 이르는 말이다.

출전 : 사기(史記)

인상여(藺相如)는 진(秦)나라에 갔다가 화씨(和氏)의 구슬을 되찾아 귀국한 공으로 상대부(上大夫)가 되었다. 그후 벼슬이 올라가 조나라의 명장인 염파(廉頗)보다도 높아졌다. 이렇게 되자 염파는 분개하여,

"인상여를 만나기만 하면 반드시 모욕을 주고야 말겠다."
고 공언하였다.

이 말을 들은 인상여는 염파 만나기를 꺼려하였다.

"내가 염 장군을 피하는 이유는 국가의 안위를 제일로 삼고 개인의 원한은 뒤로 하기 때문일 뿐이다."

이 말을 전해 들은 염파는 스스로 부끄럽게 여기고 인상여의 집으로 찾아가 무릎을 꿇고 사죄하였다. 이리하여 두 사람은 죽음을 당하더라도 마음이 변치 않을 절친한 사이가 되었다.

刎 목 찌를 **문**

• 刎頸(문경) : ① 목을 베는 것. ② 해고. 해직.

頸 목 **경**

• 頸骨(경골) : 목뼈.

交 사귈 **교**

• 交涉(교섭) : 일을 이루기 위하여 상대편에 절충함.

門前成市

문 전 성 시

세도가의 집 앞이 찾아드는 방문객들로 시장처럼
붐빈다는 말이다.

출전 : 한서(漢書)

후한(後漢)의 애제(哀帝) 때 일이다.

조창(趙昌)이라는 사람은 아첨하는 인물로 전부터 정숭(鄭崇)을
좋아하지 않았는데 애제에게 정숭을 모함하여 이렇게 말했다.

"정숭은 왕실의 여러 사람들과 내통하고 있는데, 반드시 무슨 음
모가 있을 것입니다."

애제는 곧 정승을 불러들여 문책했다.

"그대의 집 앞은 시장과 같다고 하더군."

힐책하는 애제의 말을 받아 정승은 이렇게 대답했다.

"신의 문 앞은 시장 같아도 신의 마음은 물과 같습니다. 다시 한 번 조사해 보옵소서."

애제는 노해서 정승을 하옥시켜 옥사하게 했다.

門 문   문

· 門外漢(문외한) : 전문 이외의 사람.

成 이룰   성

· 成就(성취) : 일을 처음 목적대로 이룸.

尾生之信
미 생 지 신

고지식하게 약속만을 지키는 어리석은 태도를 말
한다. 변통이 없어서 하나만 알고 둘은 모르는
사람을 비유해서 쓴다.

출전 : 장자(莊子)

노(魯)나라에 미생(尾生)이라는 정직하고 고지식한 사람이 있었다.
그 사나이는 개울 다리 밑에서 애인을 만나기로 약속을 하고 그 장
소에서 기다렸다. 그러나 그 애인은 아무리 기다려도 나타나지 않
았다. 그러는 동안에 밀물로 개울물이 불어서 그는 물에 잠기게 되

었다. 마침내는 물이 머리 위까지 올라와 교각에 매달렸으나 피신하지 않고 끝내 그곳에서 익사해 버리고 말았다.

쓸데없는 명목에 구애되어 하나밖에 없는 목숨을 아끼지 않는 어리석은 믿음이라는 것이다.

尾 꼬리　미

- **尾行(미행)** : 몰래 남의 뒤를 밟음.

信 믿을　신

- **信念(신념)** : 굳게 믿는 마음.

傍若無人
방 약 무 인

곁에 아무도 없는 것과 같이 남을 업신여기고 제 멋대로 하는 것을 일컫는다.

출전 : 사기(史記)

전국시대 위(衛)나라에 형가(荊軻)라는 자가 있었다. 하루는 개섭(蓋聶)이라는 자와 검에 대해 이야기를 나누다가 의견이 충돌하여 개섭이 화를 내자 형가는 곧 그 자리를 떠나버렸다. 또 형가가 한단(邯鄲)에 갔을 때의 일이다.

노구천(魯句踐)이라는 자와 상륙(雙六)놀이를 하여 승부를 다투다가 노구천이 화를 내며 소리치자 형가는 말없이 도망쳐 다시는 돌아오지 않았다고 한다.

그는 연(燕)나라로 갔다. 형가는 술을 마시고 노래하며 즐겼다. 그러다가 감상이 극도에 달하면 울기조차 하였는데 그 모습이 마치 곁에 아무도 없는 것 같았다. 여기에서 방약무인이란 성어가 생긴 것이다.

傍 곁　방

• 傍觀(방관) : 그 일에 관계하지 않고 보고만 있음.

若 같을　약

• 萬若(만약) : 만일.

背水之陣

배 수 지 진

물을 등지고 진을 친다는 뜻으로, 죽음을 각오하
고 결사적으로 승부에 임하는 것을 말한다.

출전 : 사기(史記)

한(漢)나라 한신(韓信)은 위(魏)나라를 격파하고, 여세를 몰아 조
(趙)나라로 진격해 들어갔다. 조나라 군대는 성문을 열고 응전해 왔
다. 한신은 거짓으로 퇴각하여 배수진을 친 군사들과 합류했다.

한신이 배수진을 친 곳으로 들어간 것을 본 조나라 군사들은 성
을 비워놓고 일제히 공격해 왔다. 한신의 군사들은 더이상 물러설

곳이 없었으므로 죽기를 각오하고 싸울 수밖에 없었다.
　결국 한나라는 승리하고 조나라는 대패하고 말았다.

背 등　　배

・背信(배신) : 신의를 저버림.

陣 진칠　진

・陣頭(진두) : 군대의 선두.

杯中蛇影
배 중 사 영

잔 속에 비친 뱀의 그림자라는 뜻으로, 아무것도
아닌 일에 의심을 품으면 쓸데없는 걱정을 하게
된다는 말이다.

출전 : 진서(晋書)

진(晋)나라에 악광(樂廣)이라는 사람이 있었다.

수재로 지목되어 관(官)에 기용되었으나 역시 단정하고 겸손했다.
그에게는 친한 친구가 있었는데 오랫동안 찾아오지 않아 이상히 여
기던 터에 하루는 그를 찾아가 까닭을 물었다.

"일전에 찾아뵙고 술대접을 받았을 때의 일입니다. 술을 마시려고 하는데 잔 속에 실뱀이 보이지 않겠습니까. 기분이 나빴지만 그냥 마셨더니 그후부터 몸이 나빠졌습니다."

이상한 일이라고 생각한 악광은 그 친구와 술을 마셨던 관청의 한 방으로 가보았다. 그곳 벽에는 활이 걸려 있었는데, 그 활에는 뱀의 그림이 그려져 있었다. 악광은 다시 그 친구를 불러 예전과 같은 곳에서 술을 마셨다.

술을 붓고 난 후 악광은 친구에게 물었다.

"잔 속에 또 뱀이 보입니까?"

"그래요, 전과 같군요."

"그 뱀은 저 활의 그림자요."

순간 친구는 모든 의혹이 풀려 병이 나았다고 한다.

배중사영은 걱정할 필요 없다는 뜻이 된다.

杯 잔 　배

• 祝杯(축배) : 축하의 뜻을 나타내기 위하여 마시는 술.

影 그림자 　영

• 撮影(촬영) : 사진을 찍음.

百年河清

백 년 하 청

중국의 황하는 물이 항상 누렇게 흐려 있으며 백
년에 한 번 물이 맑아질까 말까 하다는 것으로,
아무리 기다려도 소용이 없다는 뜻으로 쓰인다.

출전 : 춘추좌씨전(春秋左氏傳)

"주나라의 시에 이르길 '황하가 맑아지기를 기다린다는 것은 사
람의 짧은 목숨으로는 도저히 불가능하다.

점쳐서 꾀하는 일이 많으면 새가 그물에 얽힌 듯 갈피를 못 잡는
다.'라고 했습니다."

주 시 유 지 왈   대 하 지 청   인 수 기 하
周詩有之曰　待河之淸　人壽幾何

조 운 순 다   직 경 작 라
兆云詢多　職競作羅

정(鄭)나라 주영왕(周靈王) 7년의 일이다. 초나라가 정나라를 쳐들
어오자 진(晋)나라의 구원을 기다려 저항을 해야 한다는 측에 반대
하며 자사(子駟)가 나서서 했던 말이다.

이 말은 어느 세월에 진나라의 구원병이 오기를 기다리겠느냐는
뜻으로, 황하가 맑기를 기다리는 것과 다를 바가 없다고 역설한 것
이다.

이렇게 해서 정나라는 초와 화평을 맺고 전쟁의 위기를 모면했다
고 한다.

河 물　　하

· 氷河(빙하) : 얼어붙은 강.

淸 맑을　청

· 淸潔(청결) : 깨끗하여 더러움이 없음.

百發百中

백 발 백 중

백 번 쏘아 백 번 맞힌다는 것이 본래의 뜻으로, 사격이나 활의 경우에만 쓰던 말이었으나 요즘에는 일이나 계획하고 있던 바가 생각했던 대로 들어맞을 경우를 말한다.

출전 : 사기(史記)

《사기》에는 이렇게 씌어 있다.

'초나라에 양유기(養由基)라는 사람이 있었는데 활을 잘 쏘았다. 버드나무 잎을 백 보 떨어진 곳에서 백 번 쏘아 백 번을 다 맞히

었다.'

초 유 양 유 기 자   선 사 자 야
楚有養由基者　善射者也

거 유 엽 백 보 이 사 지   백 발 백 중 지
去柳葉百步而射之　百發百中之

양유기가 이름 없는 하급 장교였을 때의 일화이다.

百　일백　백

· **百世(백세)** : 오랜 세대.

發　필　　발

· **發送(발송)** : 물건이나 편지 · 서류 같은 것을 부침.

伯牙絶絃

백 아 절 현

백아(伯牙)가 자기의 음악을 알아주는 친구가
죽자 거문고 줄을 끊어버리고 다시는 거문고를
타지 않았다는 뜻에서, 자기를 알아주는 참다운
벗의 죽음을 슬퍼하는 것을 이르는 말이다.

출전 : 여람(呂覽)

백아(伯牙)는 거문고를 잘 타고, 종자기(鐘子期)는 그의 거문고 소
리를 잘 이해하였다. 백아가 마음속으로 높은 산을 생각하며 거문
고를 타면 종자기는 바로,

"좋구나, 거문고 소리여! 태산처럼 우뚝하구나."
라고 말하였다.

백아가 마음속으로 흐르는 물을 생각하면서 거문고를 타면 종자
기는 바로,

"좋구나, 거문고 소리여! 강물처럼 일렁이는구나."
라고 말하였다.

백아는 거문고를 놓고 감탄하며 다음과 같이 말했다.

"그대가 내 노래를 이해하는 것이 정말로 훌륭하도다. 내 뜻과
그대의 마음이 같으니, 내 소리가 그대에게서 벗어날 수 있겠는가."

후에 종자기가 죽자 백아는 거문고 줄을 끊어버리고, 죽는 날까
지 다시는 거문고를 타지 않았다. 이제 세상에는 자신의 음악을 알
아주는 진정한 친구가 없었기 때문이었다.

伯 맏　　백

• 伯仲(백중) : 맏이와 둘째.

絶 끊을　　절

• 絶讚(절찬) : 더할 나위 없이 칭찬함.

絃 악기 줄　현

• 絃樂器(현악기) : 줄을 타거나 켜서 소리를 내는 악기.

栢舟之操

백 주 지 조

편백나무의 지조라는 뜻으로, 과부의 굳은 정조.
곧, 남편을 잃은 처가 재혼하지 않는 것을 말
한다.

출전 : 시경(詩經)

주(周)의 여왕(厲王) 때 여(余)라는 세자가 있었다. 여의 아내는 강
(姜)이었는데 두 사람 사이는 지극히 화목했으나 불행하게도 여가
일찍 세상을 떠나버렸다.

강은 남편의 명복을 빌면서 혼자 조용히 여생을 보내려고 했으나

강의 어머니는 무슨 일이 있어도 딸을 재가시키려고 온갖 노력을 다 기울였다. 어머니는 딸의 앞날을 걱정하여 현실적으로 나가고자 했지만 젊은 강으로서는 그런 현실적 득실(得失)을 애정이나 정절과 바꾸려는 행동을 도저히 용납할 수가 없었다. 후세 사람들이 이러한 강의 지조를 동백나무 배의 지조라고 말하게 되었다.

栢 측백나무 백

· 松栢(송백) : 소나무와 잣나무.

操 잡을　조

· 貞操(정조) : 성생활에서의 순결성.

焚書坑儒

분 서 갱 유

책을 불사르고 선비들을 생매장한다는 말로, 선
비들을 탄압하는 독재자들을 뜻한다.

출전 : 사기(史記)

진시황(秦始皇, 기원전 213년)이 정부를 비난하는 책을 불태워 없
애자는 승상 이사(李斯)의 안을 채택하여 분서(焚書)를 했다. 또 진
시황이 불로장생(不老長生)을 원한 나머지 신선술을 가진 방사(方士)
들을 불러 모았다. 그 중에서도 특히 우대를 한 것이 후생(後生)과
노생(盧生)이었다. 그러나 이들은 시황을 비난하고 자취를 감춰버렸

다. 그런 시기에 정부를 비난하는 학자가 있다는 보고가 들어왔다. 시황은 모조리 잡아다가 심문하라는 명령을 내렸다.

그 결과 법에 저촉된 사람이 오백 명이나 되었으며, 이들은 모두 함양성(咸陽城) 안에 구덩이를 파고 묻게 했다. 이것이 바로 갱유(坑儒)이다.

焚 불사를 **분**

· 焚香(**분향**) : 향료를 불에 피움. 향을 불에 태움.

坑 구덩이 **갱**

· 坑道(**갱도**) : 갱 내의 길.

不俱戴天之讐
불 구 대 천 지 수

함께 하늘을 같이 질 수 없는 원수라는 뜻으로,
이 세상에 함께 살아 있을 수 없는 원수를 일컫
는다.

출전 : 예기(禮記)

"어버이의 원수는 함께 하늘을 질 수 없다. 반드시 죽여야 한다."

부 지 수　　불 여 공 대 천
父之讐　弗與共戴天

그때는 당연한 복수를 한 사람에게는 벌이 내려지지 않았다. 당시에는 이러한 생각이 하나의 윤리관으로 인정되어 있었던 것이다.

戴 일　　대

- 戴冠(**대관**) : 관을 씀.

天 하늘　천

- 天心(**천심**) : 하느님의 마음. ↔ 民心(민심)

讐 원수　수

- 復讐(**복수**) : 원수를 갚음.

鵬程萬里
붕 정 만 리

붕(鵬)이란 상상의 큰 새로 붕의 갈길은 수만 리
라는 뜻인데, 보통 사람으로는 생각도 미치지 않
은 원대한 사업이나 계획을 비유하는 말이다.

출전 : 장자(莊子)

붕이 한 번 힘을 내어 날면 그 날개는 하늘 전체를 뒤덮는 구름
이 아닌가 생각되고, 해면이 한꺼번에 뒤집힐 듯한 큰 바람이 불면
그 바람을 타고 북해 끝에서 남해 끝까지 날려고 한다.

어떤 사람의 말에 의하면 '붕이 남해로 옮기자면 바닷물에 날개

짓을 3천 리, 회오리바람을 타고 오르기 9만 리, 6개월 동안 계속 난 다음 비로소 날개를 쉰다고 한다'라고 씌어 있다.

왜소한 것은 위대한 것의 마음이나 행동을 알 턱이 없다. 이것이 바로 대와 소의 차이점이다.

鵬 붕새　붕

· 鵬圖(**붕도**) : 원대한 계획이나 포부.

程 법　정

· 里程標(**이정표**) : 길이 이수(里數)를 표시한 것.

里 마을　리

· 洞里(**동리**) : 마을. 지방 행정 구역의 하나.

髀肉之嘆
비 육 지 탄

무사가 말을 탈 기회가 없으므로 허벅지에 살만
찐다는 뜻으로, 즉 자신의 재주를 발휘할 기회가
없음을 탄식하는 말이다.

출전 : 삼국지(三國志)

다음은 영웅이 부질없는 세월을 한탄한 시이다.

"전에는 하루라도 몸이 말안장을 떠나지 않아 넓적다리에 도무지
살이 없더니 이제는 오랫동안 말을 타지 않으니 살이 올랐습니다.

세월은 덧없이 가건만 이제껏 공업(功業)을 쌓지 못하였으니 이 점
이 서러울 뿐입니다."

상시신불리안　비육개소　금불부기　비리육생
常時身不離鞍　髀肉皆消　今不復騎　髀裏肉生

일월여류　노장지　이공업불건　시이비이
日月如流　老將至　而功業不建　是以悲耳

　유비는 측간(厠間 : 화장실)으로 갔는데 무심코 넓적다리에 두둑히
오른 살을 보게 되었다. 그러자 자신의 신세가 한스러워 본인도 모
르게 두 줄기 눈물이 뺨을 타고 내렸다.

肉 고기　육

• 肉眼(육안) : 안경을 쓰지 않은 천생의 시력.

歎 탄식할　탄

• 歎願書(탄원서) : 사정을 말하여 도와주기를 몹시 바라는 글.

四面楚歌

사 면 초 가

사방이 모두 적으로 둘러싸여 어느 누구의 도움
도 받을 수 없는 고립된 상태를 나타내는 말이다.

출전 : 사기(史記)

초(楚)왕 항우(項羽)는 한신(韓信)이 지휘하는 한(漢)나라 군사에게
포위를 당하였다. 항우의 진영은 식량도 떨어지고 군사들도 적어
사기가 점점 떨어지고 있었다. 이때 한나라 장량(張良)이 꾀를 내어
한밤중에 초나라 노래를 부르게 했다.

전황이 점점 불리해지는 전쟁터에서 고향의 노래를 들은 초나라 군사들은 더욱 상심하게 되었다. 항우는 사방에서 초나라 노랫소리가 들리자 크게 놀라며 '한나라가 이미 초나라를 다 차지했는가? 어째서 초나라 사람이 이렇게 많은가'라고 생각하였다.

노래를 부른 군사는 실은 한나라에 항복한 초나라 군사들이었다. 항우는 한나라 군사들의 포위를 뚫고 탈출에 성공했지만, 이미 천하의 대세는 한나라의 유방에게 기울어졌고 항우는 결국 자결하고 만다.

面 낯　면

· 假面(가면) : 탈. 얼굴에 쓰기 위한 탈.

楚 괴로울　초

· 苦楚(고초) : 괴로움과 어려움.

似而非

사 이 비

겉으로 보기에는 비슷한 것 같으나 실제로는 아
주 다른 가짜를 가리키는 말이다.

출전 : 맹자(孟子)

공자께서는 이렇게 말씀하셨다.

"사이비한 자를 미워한다. 가라지(莠)는 잡초이지만 벼의 모와 비
슷해서 한층 방해가 된다. 말을 잘하는 자를 미워하는 것은 정의를
혼란케 하기 때문이다.

정(鄭)나라 음악을 미워하는 것은 그것이 아악과 비슷해서 올바른

음악을 혼란시키기 때문이다. 똑같이 향원(鄕原)을 미워하는 것은 덕을 어지럽히기 때문이다.

군자란 도덕의 근본 이치를 반복 실천할 따름이다. 세상에 아첨하는 법은 없다. 올바른 길을 행하면 백성들도 따라온다. 그렇게 되면 세상의 사악도 없어질 것이다."

似 같을 **사**

• 恰似(흡사) : 거의 같은 정도로 비슷함.

非 아닐 **비**

• 非行(비행) : 나쁜 짓. ↔ 善行(선행)

蛇足
사 족

화사첨족(畫蛇添足)의 준말로 뱀을 그리는데 없
는 발까지 그려넣는다는 뜻에서, 쓸데없는 일을
하다가 도리어 일을 그르친다는 말이다.

출전 : 전국책(戰國策)

초(楚)나라에서 여러 사람이 술 한 대접을 놓고 뱀을 먼저 그린
사람이 모두 마시기로 내기를 했다. 그 중에 한 사람이 제일 먼저
뱀을 그려 술을 마시게 되었다.

그는 왼손으로 술잔을 들고 오른손으로 계속 뱀의 발을 그리며,

자신은 뱀의 발도 그릴 수 있다고 자랑했다.

그러자 옆에 있던 사람이 뱀을 다 그리고 나서 그의 술잔을 빼앗으며,

"뱀은 원래 발이 없는데 당신은 어째서 발을 그리는가"

라고 말하며 술을 마셔버렸다. 뱀의 발을 그린 사람은 끝내 술 한 방울도 마시지 못하였다.

蛇 뱀 사

• 長蛇陣(장사진) : 많은 사람이 줄을 지어 길게 늘어서 있는 모양.

足 발 족

• 洽足(흡족) : 넉넉하여 조금도 모자람이 없음.

四海兄弟

사 해 형 제

사해(四海)란 곧 온 천하를 가리키는 말로, 천하의 뭇사람들은 모두 동포요 형제라는 뜻이다.

지구인은 한가족!

출전 : 논어(論語)

공자의 제자로 사마우(司馬牛)라는 사람이 있었다. 사마우에게는 형이 있었는데 포악무도한 사람이었다.

이 형이 공자를 죽이려고 한 적도 있었다. 사마우는 이를 매우 슬퍼하며 말했다.

"남에게는 다 형제가 있으나 나만이 형제를 잃고 혼자입니다."

공자의 수제자인 자하(子夏)가 그를 위로하고자 다음과 같이 말했다.

"살고 죽음은 천명이고, 부귀 역시 천운에 의한다는 말을 들었다. 군자는 남에게 공손히 해서 예(禮)가 있으면 사해가 모두 형제이다. 그러므로 군자라면 형제가 없는 것을 걱정하지 않는다."

사 생 유 명　　부 귀 재 천
死生有命　　富貴在天

군 자 경 이 무 실　　여 인 공 이 유 례
君子敬而無失　　與人恭而有禮

사 해 지 내　　개 형 제 야
四海之內　　皆兄弟也

군 자 하 환 호 무 형 제 야
君子何患乎無兄弟也

海 　바다　　해

・海流(해류) : 일정한 방향으로 흐르는 바닷물.

弟 　아우　　제

・師弟(사제) : 스승과 제자.

殺身成仁
살 신 성 인

자신의 몸을 희생하여 인(仁)을 이룩한다는 뜻으로, 자기 몸을 바쳐 올바른 도리의 길을 걷는 것을 일컫는다.

출전 : 논어(論語)

공자께서 말씀하셨다.

"뜻이 있는 선비와 인자(仁者)는 삶을 구하여 인을 해치는 일이 없고 몸을 죽여 인을 이루는 일은 있느니라."

지 사 인 인 무 구 생 이 해 인   유 살 신 이 성 인
志士仁人無求生以害仁 有殺身以成仁

지사(志士)나 인자(仁者)의 마음은 항상 인을 위해서 존재하는 것임을 강조한 말이다.

사람은 마땅히 죽을 때에 죽으면 그 마음이 편안하고 덕이 온전할 것이다.

殺 죽일 살

• 殺伐(살벌) : 거동이 거칠고 무시무시함.

身 몸 신

• 身分(신분) : 개인의 사회적인 지위와 계급.

三顧草廬

삼 고 초 려

유비(劉備)가 세 번이나 초가집으로 제갈량(諸
葛亮)을 찾아갔다는 뜻에서, 인재를 맞아들이기
위하여 참을성 있게 마음 쓰는 것을 말한다.

출전 : 삼국지(三國志)

한(漢)나라 말기에 황건적(黃巾賊)이 사방에서 봉기하여 천하가
매우 어지러웠다. 조조(曹操)는 조정에서 권세를 쥐고 있었고 손권
(孫權)은 동오(東吳) 지역에 주둔하고 있었다. 한나라 왕실을 부흥시
키려는 유비는 이 일을 함께 도모할 인재를 찾고 있었다.

그때 참모들이 학식이 풍부하고 재능이 뛰어난 제갈공명을 추천했다. 유비는 관우·장비와 함께 예물을 들고 은거하고 있던 제갈공명을 찾아가 자기를 도와 한나라 왕실의 부흥을 위해 함께 일해 줄 것을 청하려 했다. 그러나 제갈공명은 외출하여 만날 수가 없었다.

유비는 세 번째로 제갈공명의 집을 찾아갔다. 이때 마침 제갈공명은 낮잠을 자고 있었다. 유비는 그가 잠에서 깰 때까지 밖에서 기다렸다. 유비를 만난 제갈공명은 그의 정성에 감동하여 유비의 뜻을 따를 것을 허락하였다.

顧 돌아볼 고

· 顧問(고문) : 의견을 물음. 또는 질문을 받는 사람.

草 풀 초

· 草稿(초고) : 문장이나 시 따위의 맨 처음 쓴 원고.

廬 풀집 려

· 廬墓(여묘) : 상제가 여막을 짓고 무덤을 지키는 일.

三十六計

삼 십 육 계

36가지나 되는 많은 꾀 가운데서 도망치는 것이 제일 좋은 꾀가 된다는 뜻으로, 자신 없는 일은 주저할 것 없이 얼른 포기해 버리거나 피해버리는 게 제일이라는 의미로 쓰인다.

출전 : 자치통감(資治通鑑)

송(宋)나라 때 왕경칙(王敬則)이 반란을 일으켰다는 소식을 들은 조정은 큰 공포에 휩싸여 있었다. 태자인 보권(寶卷)은 정신을 못 차리고 측근을 누대 위로 올려보내 동정을 살피게 하는 형편이었

다. 이 소문을 전해 들은 왕경칙은 만족한 듯이 웃으며,

"단공(檀公)의 서른여섯 가지 꾀 중에는 달아나는 것이 상책이 된다고 했다. 이제 너의 부자도 다만 달아나는 길만이 있을 뿐이다."

단 공 삼 십 육 책　　주 위 상 책　　계 여 부 자　　유 유 주 이

檀公三十六策　走爲上策　計汝父子　唯有走耳

라고 말했다.

그러나 왕경칙은 흥성을 포위했을 때 관군으로부터 기습을 받아 무기다운 무기를 갖지 못한 농민군이 혼란에 빠짐으로써 패해 죽고 말았다.

三 석 삼

· **三權(삼권)** : 입법권 · 사법권 · 행정권의 셋.

計 셈할 계

· **計略(계략)** : 계책과 모략. 꾀.

三人成虎
삼 인 성 호

세 사람이 똑같이 말하게 되면 호랑이도 정말 나
타난 줄로 믿게 된다는 뜻으로, 거짓말이라도 여
러 사람이 하면 참말로 믿게 된다는 뜻이다.

출전 : 전국책(戰國策)

전국시대의 위혜왕(魏惠王) 때의 일이다.

"시장에 호랑이가 나왔다고 하면 누구도 믿지 않겠지만 세 사람
이 똑같이 말하면 왕께서도 믿으시겠지! 틀림없이 믿고 말고요."

"애당초 시장에 호랑이가 나온다는 것은 있을 수 없는 일입니다.

그러나 세 사람씩이나 같은 말을 하면 시장에 틀림없이 호랑이가 나온 것이 됩니다(三人成虎)."

근거 없는 소문도 여럿이 말하면 참말처럼 되어버린다는 것이다.

成 이룰 성

· 成就(성취) : 일을 처음 목적대로 이룸.

虎 범 호

· 虎視耽耽(호시탐탐) : 범과 같이 날카로운 눈초리로 사방을 둘러 봄.

桑田碧海

상 전 벽 해

뽕나무밭이 푸른 바다로 변한다는 뜻이니, 곧 세
상이 몰라볼 정도로 바뀐 것을 말한 것이다.

출전 : 유정지(劉廷芝)

낙 양 성 동 도 이 화
洛陽城東桃李花
낙양성 동쪽의 복숭아꽃 오얏꽃이

비 래 비 거 낙 수 가

飛來飛去落誰家

날아오고 날아가며 뉘 집에 지는고

명 년 화 개 부 수 재
明年花開復誰在

내년에 피는 꽃은 그 누가 보려는가

경 문 상 전 변 성 해
景聞桑田變成海

상전도 벽해된다는 그것 정녕 옳은 말이로다

상전변성해(桑田變成海)로 사용하지만 보통 같은 뜻으로 상전벽해
(桑田碧海)로 쓰인다.

桑　뽕나무　상

• 桑葉(상엽) : 뽕나무의 잎사귀.

碧　푸를　벽

• 碧溪(벽계) : 물빛이 푸르게 보이는 맑은 시내.

塞翁之馬

새 옹 지 마

새옹 할아버지의 말에 얽힌 이야기에서 나온 것
으로, 인간의 길흉화복은 변화가 많아 예측하기
가 어렵다는 말이다.

출전 : 회남자(淮南子)

변방 근처의 한 마을에 노인이 살고 있었다. 하루는 집에 기르던
말이 오랑캐 땅으로 넘어가 버렸다. 마을 사람들이 이 사실을 알고
위로하자 노인은 이렇게 말했다.

"이것이 뜻밖에 복이 될 수도 있다."

몇 달 뒤, 그 말은 오랑캐의 좋은 말들을 몰고 집으로 돌아왔다. 이에 마을 사람들이 축하하자 노인은 정색을 하며 말했다.

"이것이 뜻밖에 화가 될 수도 있다."

그 노인의 아들이 말타기를 좋아하여 오랑캐 땅에서 온 말을 타다가 떨어져 다리가 부러졌다. 마을 사람들이 위로하자 노인은 다시 말했다.

"이것이 뜻밖에 복이 될 수도 있다."

과연 일 년 뒤에 오랑캐가 변방으로 쳐들어오자 젊은이들이 거의 죽임을 당했지만, 이 노인의 아들만은 절름발이였기 때문에 전쟁터에 나가지 않고 죽음을 면할 수가 있었다.

인 간 만 사 새 옹 지 마   추 침 헌 중 청 우 면
人間萬事塞翁之馬   推枕軒中聽雨眠

인간의 모든 일은 새옹의 말과 같다. 추침한 가운데서 빗소리를 들으며 누워 있다.

翁 늙은이 옹

· 翁主(옹주) : 임금의 후궁이 난 딸. ↔ 公主(공주)

馬 말 마

· 馬耳東風(마이동풍) : 남의 말을 귀담아 듣지 않고 흘려버림을 비유하는 말.

先入見
선 입 견

먼저 들은 이야기가 마음속에 차지하고 있어 나
중에 듣는 이야기를 거부하려는 것을 말한다.

출전 : 한서(漢書)

한(漢)나라 애제(哀帝) 때 식부궁(息夫躬)이라는 말 잘하는 웅변가
가 있었다. 애제를 만나 흉노가 침공해 올 것이므로 곧 대군을 변
방에 배치해야 한다고 주장했다.

황제는 그의 변설(辯舌)에 혹하여 그의 말을 전적으로 믿었다. 그
래서 승상 왕가(王嘉)를 불러 상의했으나 왕가는 그것이 근거 없는

낭설이라고 말했다.

그러나 애제는 왕가의 충고를 받아들이지 않았는데 얼마 뒤에 식부궁의 말이 거짓이라는 것을 알고 식부궁을 옥에 가두고 죽게 했다.

우리 나라 제5공화국 시대에 정부 고관들이 북한에서 저수지를 만들어 물을 남쪽으로 흘러보내면 남한은 전체가 수몰되어 생명을 잃게 된다고 해서 초등학생, 심지어는 유치원 아동들도 국가에 헌금(獻金)을 하게 한 적이 있었다. 그러나 나중에 알고 보니 유언비어였다.

先 먼저 선

• 先考(선고) : 돌아가신 아버지. ↔ 先妣(선비)

見 볼 견

• 見聞(견문) : 보고 들음. 또는 그 지식.

先從隗始
선 종 외 시

먼저 나부터 시작하라는 뜻으로, 큰 일을 성공시
키려면 우선 가깝고 쉬운 일에서부터 시작하라는
말이다.

출전 : 전국책(戰國策)

소왕이 재상에게 좋은 인재는 어떻게 하면 얻을 수 있겠느냐고
물으니, 재상은 이렇게 대답했다.

"옛날 어느 임금이 천금을 내걸고 천리마를 구하려 했으나 3년이
지나도록 뜻을 이루지 못했습니다. 그때 옆에 있던 신하 한 사람이

그 사실을 알고 천리마가 있는 곳에 도착했습니다. 그러나 그가 도착하자마자 말이 죽어버렸습니다. 그래서 죽은 말의 뼈를 500금에 사 가지고 왔다 합니다.

그 사실을 알고 임금님이 크게 화를 내시며 호통을 쳤습니다. 그러자 그 사나이는 '죽은 말을 500금에 샀으니 산 말이라면 얼마나 많은 돈을 줄 것인가?' 하며 좋은 말을 가지고 있으면 찾아올 것이라고 말했습니다.

이 소문이 퍼지자, 과연 현인들이 명마(名馬)를 몰고 천리를 멀다 하지 않고 찾아왔습니다. 그래서 임금님은 그 신하를 극진히 대우를 했다고 합니다."

隗 높을 **외**

- 先從隗始(선종외시) : 현인을 맞으려면 먼저 가까운 데에 있는 하찮은 사람부터 대우를 잘 해야 한다. 또는 큰 일을 이루려면 우선 비근한 일에서부터 시작하라는 말이다.

始 비로소 **시**

- 開始(개시) : 시작함.

小心翼翼
소 심 익 익

세심하게 마음을 써서 삼간다는 뜻으로, 담력이
적어서 겁이 많다는 말이다.

출전 : 시경(詩經)

'소심익익'은 《시경》에 나오는 시이다.

증민(蒸民)은 주조(周朝)의 정치를 돕기 위해 하늘이 중산보(仲山
甫)를 낳게 한 것이라 칭송하고 중산보의 덕을 이렇게 노래하고
있다.

205

중 산 보 지 덕
仲山甫之德
증산보의 덕이야말로

유 가 유 칙
柔嘉維則
부드럽고 아름답고 법도가 있어

영 의 영 색
令儀令色
위의와 용모가 아름답구나

소 심 익 익
小心翼翼
만사를 조심하여 처리하다

 마음　심

・心臟(심장) : 염통.

 날개　익

・羽翼(우익) : ① 날개. ② 도와 받드는 사람.

宋襄之仁

송 양 지 인

송나라 양공의 인(仁)이라는 뜻으로, 덮어놓고
착하기만 하여 실제적인 가치가 없는 대의 명분
만을 지키고 쓸데없는 동정을 베풂을 이르는 말
이다.

출전 : 춘추좌씨전(春秋左氏傳)

춘추시대 송(宋)나라의 양공(襄公)은 제(齊)나라 환공(桓公)이 자신
의 사후에 아들을 즉위시켜 달라는 비밀 부탁을 받고 환공이 죽은
후에 약속대로 환공의 아들을 제나라의 임금으로 즉위시키는 데 큰

공을 세운다.

이 일이 계기가 되어 양공은 환공의 뒤를 이어 천하를 제패할 것을 꿈꾼다. 그래서 신하들의 반대를 무릅쓰고 초나라와 결전을 감행하게 된다.

"적이 진을 다 정비하기 전에 공격을 한다면 적을 혼란에 빠뜨릴수 있을 것입니다."

라고 부하들이 권하였다.

"군사는 상대방이 어려울 때 괴롭히지 않는다."

그러나 송양공은 이렇게 말하며 공격을 허락하지 않았다.

초나라가 진을 차린 후 군대를 정비하여 송나라와 전투를 벌인결과 송나라는 초나라에 대패하고 말았다. 이 일을 두고 세상 사람들은 송양공을 비웃었다. 그는 2년 후 허벅다리에 입은 상처 때문에 결국 덧없이 세상을 떠나고 말았다.

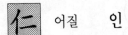 之 갈　　지

• 人之常情(인지상정) : 사람이면 누구나 가지는 보통의 인정.

仁 어질　　인

• 仁慈(인자) : 어질고 자애로움.

漱石枕流

수 석 침 류

돌로 양치질하고 흐르는 물로 베개를 삼는다는
뜻으로, 남에게 지기 싫어하는 마음이 강해서 억
지로 무리한 이유를 부치는 것을 말한다.

출전 : 진서(晋書)

　진(晋)나라 초기에 손초(孫楚)라는 사나이가 있었는데 문재(文才)
가 뛰어났다. 그 손초가 속세를 떠나 산중에 은신하기로 마음먹고
친구인 왕제에게 흉중을 털어놓았다. 그때 돌을 베개 삼아 눕고 흐
르는 물로 양치질한다(枕石漱流)라고 해야 할 것을 반대로 돌로 양

치질하고 흐름을 베개 삼는다(漱石枕流)라고 말해 버렸다.

"흐르는 물을 베개로 벨 수 있는가? 그리고 돌로 어떻게 양치질을 한단 말인가?"

왕제가 따지자 손초는 재빨리 대답했다.

"흐름을 베개로 한다는 것은 옛날의 은자인 허유(許由)와 같이 쓸데없는 소리를 들었을 때 귀를 씻으려고 하는 것이고, 돌로 양치질한다는 것은 이를 튼튼하게 닦으려는 것일세."

이렇게 억지 변명했다는 고사에서 온 말이다.

漱 양치질 **수**

• 漱澣(수한) : 빨래함.

枕 베개 **침**

• 枕木(침목) : 철로에서 레일 밑을 괴는 나무토막.

水魚之交
수 어 지 교

물고기가 물에 있어야 살 수 있는 것처럼, 부부
는 서로 끊을래야 끊을 수 없는 친밀한 사이를
뜻한다. 변하지 않은 깊은 우정에도 쓰인다.

출전 : 삼국지(三國志)

삼고초려(三顧草廬)로 유명한 공명(孔明)을 유비(劉備)가 스승의
예로써 대접하여 침식을 같이 하였다. 그러나 장비(張飛)는 불평을
늘어놓았다. 이에 유비가 말하였다.

"내가 공명을 얻은 것은 물고기가 물을 만난 것과 같으니 두 번

211

다시 거기에 대해 여러 말 하지 말라."

<ruby>孤<rt>고</rt></ruby><ruby>之<rt>지</rt></ruby><ruby>有<rt>유</rt></ruby><ruby>孔<rt>공</rt></ruby><ruby>明<rt>명</rt></ruby>　<ruby>猶<rt>유</rt></ruby><ruby>魚<rt>어</rt></ruby><ruby>之<rt>지</rt></ruby><ruby>有<rt>유</rt></ruby><ruby>水<rt>수</rt></ruby>　<ruby>願<rt>원</rt></ruby><ruby>勿<rt>물</rt></ruby><ruby>復<rt>부</rt></ruby><ruby>言<rt>언</rt></ruby>

 물고기　어

• 魚網(어망) : 물고기를 잡는 그물.

交 사귈　교

• 交易(교역) : 주로 나라들 사이에서 물건을 팔고 사고 하여 서로 바꿈.

守株待兎

수 주 대 토

토끼가 부딪쳐 죽은 그루터기를 지키며, 다시 토끼가 오기를 기다린다는 뜻으로, 어떤 착각에 사로잡혀 융통성 없는 처사를 일컫는다.

출전 : 한비자(韓非子)

송(宋)나라의 어떤 사람이 밭을 갈고 있었다. 밭 가운데 나무 그루터기가 있었는데, 토끼가 달려가다가 그 그루터기에 목이 부딪쳐서 죽었다. 그러자 그는 농삿일을 집어 던지고 날마다 그 그루터기를 지키면서 다시 토끼 얻기를 기다렸으나 다시는 얻지 못하였다.

그는 송나라 사람들의 웃음거리가 되었다.

守 지킬　수

· 守節(수절) : 과부가 재가하지 않고 있음.

株 그루　주

· 株式(주식) : 주식회사의 총자본을 주의 수에 따라 나눈 자본의
　　　　　　　단위.

脣亡齒寒
순 망 치 한

입술이 없어지면 이가 드러나 시리다는 뜻으로, 서로 의지하고 돕는 사이에 한쪽이 망하면 다른 한쪽도 따라 망하게 됨을 비유하여 이르는 말이다.

출전 : 춘추좌씨전(春秋左氏傳)

춘추시대 진(晉)나라 헌공(獻公)은 괵(虢)나라를 징벌하기 위하여 우(虞)나라에게 길을 빌려 달라고 요청하였다. 우나라를 거쳐야만 괵나라로 갈 수 있었기 때문이다.

진 헌공은 사신을 보내 명마와 구슬을 우나라 임금에게 뇌물로
바치고 길을 빌려 달라고 간청하였다. 우나라 임금은 뇌물이 탐이
나서 순순히 청을 받아들이려고 하였다. 그러나 진나라의 속셈을
뻔히 알고 있는 궁지기(宮之奇)라는 현신(賢臣)이 이를 반대하며 말
하였다.

"괵은 우리 나라의 울타리입니다. 괵나라가 망하면 우리 나라도
반드시 망할 것입니다. 진나라를 절대로 끌어들여서는 안 됩니다.

입술이 없으면 이가 시리다고 한 것은 바로 우나라와 괵나라를
두고 한 말입니다."

그러나 이미 뇌물에 눈이 어두워진 우공은 궁지기의 말을 받아들
이지 않았다. 결국 진나라는 괵나라로 쳐들어가서 이를 병합하였고
돌아오는 길에 우나라마저 기습하여 멸망시키고 말았다.

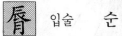 입술　순

· 丹脣(단순) : 붉은 입술.

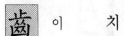 이　치

· 齒牙(치아) : '이'를 점잖게 이르는 말.

 찰　한

· 寒氣(한기) : 추운 기운.

羊頭狗肉

양 두 구 육

밖에는 양머리를 걸어놓고 안에서는 개고기를 판다는 뜻이다. 겉은 그럴 듯하고 보기 좋으나 속은 텅텅 비어 있고 허술한 경우에 쓰는 말이다.

출전 : 항언록(恒言錄)

춘추시대(春秋時代)의 제영공(齊靈公)은 여자에게 남자 복장을 시켜놓고 즐기는 취미를 가지고 있었다. 안자(晏子)는 그에게 이렇게 충고를 했다.

"궁중에서는 여자에게 남자 복장을 시켜놓는 것을 허락하시면서 밖으로 백성들만 못 하도록 금지하고 있는데, 이것은 양의 머리를 문에다 걸어놓고 안에서는 개고기를 파는 것과 같습니다. 임금께서는 이런 짓을 못 하도록 금지를 해야 합니다."

　영공은 곧 궁중에서도 남장을 금지해서 남장한 여자가 없게 되었다.

狗　개　구

・走狗(주구) : 권력가의 앞잡이 노릇을 하는 사람.

肉　고기　육

・肉筆(육필) : 당자가 직접 쓴 글씨.

梁上君子

양 상 군 자

대들보 위의 군자라는 뜻으로, 도둑을 일컫는 말
이지만 천장의 쥐를 말할 때도 쓴다.

출전 : 후한서(後漢書)

후한(後漢) 말엽 진식(陳寔)이라는 사람은 성격이 온화하며 학식
이 풍부해서 모든 사람들로부터 존경을 받았다. 그러던 어느 날 밤
도둑이 진식의 방으로 들어와 천장의 들보 위에 가만히 웅크리고
앉아 기회를 엿보는 것이 아닌가? 진식은 모르는 척하고 있다가 얼
마 뒤 아들과 손자를 불러놓고 훈계하였다.

"나쁜 사람이라고 모두 그 본성이 나쁜 것은 아니다. 버릇이 어느새 습성이 되어버려 악을 저지르게 되는 것이다. 저 들보 위의 군자가 바로 그렇도다."

도둑은 이 말을 듣고 깜짝 놀라 들보에서 뛰어내려 머리를 조아리며 진심으로 사죄하였다. 진식은 그를 보고 타일렀다.

"자네의 얼굴이나 모습을 보니 나쁜 사람 같지는 않네. 아마도 가난에 못 이겨 한 짓이겠지."

진식은 도둑에게 비단 두 필을 주어 돌려보냈다.

그 일이 있은 후부터는 그의 관할 구역에는 도둑의 그림자가 끊어졌다고 한다.

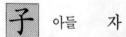 들보   량

· 橋梁(교량) : 다리.

子 아들   자

· 子正(자정) : 밤 열두 시. ↔ 午正(오정)

漁父之利
어 부 지 리

조개와 황새가 서로 싸우는 바람에 어부가 둘 다
잡아 이익을 보았다는 뜻으로, 두 사람이 이해
관계로 서로 다투는 사이에 제삼자가 이득을 본
다는 말이다.

출전 : 전국책(戰國策)

조(趙)나라가 연(燕)나라를 치려 하자 소대(蘇代)가 연나라를 위하
여 조나라의 혜왕(惠王)을 설득하였다.

"오늘 제가 역수(易水 : 연나라와 조나라의 국경을 이루는 강)를 지나려니 조개가 볕을 쬐는데 황새가 그 조개를 쪼았습니다. 조개가 입을 다물어 황새의 부리를 물자 황새가 말하기를 '오늘은 비가 오지 않고 내일도 비가 오지 않으면 너는 죽을 수밖에 없다'라 하니, 조개도 황새에게 '오늘도 못 빼내고 내일도 못 빼내면 너도 죽을 수밖에 없다'라고 하였습니다. 이렇게 서로 싸우고 있으니, 지나가던 어부가 둘을 함께 잡아갔습니다. 조나라와 연나라가 이런 상태이니 진(秦)나라가 어부가 될까 걱정이 됩니다. 왕께서는 깊이 생각하소서."

"참 좋은 말이다."

마침내 혜왕은 연나라의 침공을 포기했다.

漁 고기 잡을 어

• 漁父(어부) : 고기잡이를 업으로 하는 사람.

利 이로울 리

• 利率(이율) : 원금에 대한 이자의 비율.

緣木求魚
연 목 구 어

나무에 올라가서 물고기를 잡으려 한다는 말로,
도저히 불가능한 일을 뜻한다.

출전 : 맹자(孟子)

맹자(孟子)가 제나라로 갔을 때의 일이다.

맹자가 왕에게 말하였다.

"왕께서 크게 하시고자 하는 일은 토지를 개척하며 진(秦)나라와 초(楚)나라에 조회를 받으며 중국을 제패하여 사방의 오랑캐까지 복속시키려는 것이 아닙니까?

　　그러나 무력으로 왕이 원하는 것을 얻으려는 것은 마치 나무에 올라가서 물고기를 구하려는 것과 같습니다."

　　왕이 물었다.

　　"그처럼 심합니까?"

　　"이보다도 더 심하니, 나무에 올라가 물고기를 구함은 비록 고기를 얻지 못하더라도 재앙은 없거니와 무력으로 이같이 원하는 바를 얻고자 한다면, 심신(心身)을 다한다 하더라도 반드시 뒤탈이 있을 것입니다."

 인연　　연

• 緣分(연분) : 서로 걸리게 되는 인연.

求　구할　구

• 求職(구직) : 직업을 구함.

五里霧中
오 리 무 중

오 리나 이어지는 짙은 안개 속에서는 동서를 분
간하기 어렵다는 뜻으로, 그 행방이나 단서를 찾
기가 어려운 경우를 말한다.

출전 : 후한서(後漢書)

후한(後漢) 때 장해(張楷)라는 사람이 있었다.

장해는 학문뿐 아니라 도술(道術)도 즐겨서 곧잘 오 리나 이어지
는 안개를 일으켰다고 한다. 그때 관서 사람으로 배우(裴優)라는 자
도 방술(方術)을 써서 3리에 걸치는 안개를 일으켰는데, 장해가 오

리무(五里霧)를 일으킨다는 말을 듣고 그 재주를 배우려고 했으나 장해는 모습을 감추고서 만나주지 않았다.

　여기에서 오리무중이라는 말이 생긴 것이다.

 안개　무

・霧散(무산) : 안개가 걷히는 것처럼 흔적도 없이 흩어짐.

中 가운데　중

・中毒(중독) : 술・아편 등을 너무 즐긴 결과, 그 기운이 없어지면 몸에 이상이 일어나는 병적인 상태에 빠짐.

五十步百步

오 십 보 백 보

전쟁에서 오십 보를 달아난 것이나 백 보를 달아
난 것이나 도망친 것은 같다는 뜻에서, 외견상
약간의 차이가 있더라도 본질은 같다는 말이다.

출전 : 맹자(孟子)

맹자가 양혜왕(梁惠王)에게 말하였다.

"폐하께서 전쟁을 좋아하시니 전쟁으로 비유하겠습니다. 둥둥 북
이 울려 싸움이 시작되어 접전을 벌이는데 군사들이 갑옷과 무기를
버리고 달아나고 있습니다. 어떤 자는 오십 보를 도망가서 멈추고

어떤 자는 백 보를 도망가서 멈추었습니다. 그런데 오십 보 도망간 사람이 백 보 도망간 사람을 겁쟁이라고 비웃는다면 어떻겠습니까?"

맹자의 물음에 양혜왕이 대답했다.

"백 보는 아니지만 오십 보를 도망간 것도 역시 도망간 것입니다."

步 걸음 보

• 步調(보조) : 걸음걸이의 속도.

百 일백 백

• 百穀(백곡) : 여러 가지 곡식.

吳越同舟
오 월 동 주

① 아무리 원수 사이일지라도 공동의 이해에 대해서는 서로 협력하는 것.
② 오(吳)나라와 월(越)나라처럼 원수 사이에 있는 사람이 한 자리에 있게 되는 경우.

출전 : 손자(孫子)

① 손자(孫子)는 말했다.

"오나라 사람과 월나라 사람은 서로가 원수처럼 미워한다. 그러나 그들이 같은 배를 타고 가다가 폭풍을 만나게 되면, 위험에서 벗어나기 위해 서로 돕는 것이 마치 좌우의 손이 서로 협력하는 것과 같다."

이 말은 오래된 원수처럼 서로 미워하는 사람들도 어려운 경우에 처하게 되면 어쩔 수 없이 서로 힘을 합해, 이러한 상황에서 벗어나려고 노력하게 된다는 것이다.

② 최근에는 이 원뜻과는 달리, 사이가 나쁜 사람끼리 한 자리에 있는 경우에 많이 쓰인다.

越 넘을 월

• **越冬(월동)** : 겨울을 넘김. 겨울을 남.

舟 배 주

• **扁舟(편주)** : 작은 배. 쪽배.

烏合之衆
오 합 지 중

까마귀가 모인 것같이 질서와 규칙이 없는 군중
을 일컫는다. 오합지졸(烏合之卒)이라고도 한다.

출전 : 후한서(後漢書)

하북성(河北城)의 태수 경황의 아들인 경감은 왕랑이라는 자가 군
사를 일으켜 천자라 칭하고 있다는 소식을 전해 들었다.

"왕랑이란 본래 이름도 없는 도적인데 황자의 이름을 사칭하여
난을 일으킨 것이다.

오합지중인 왕랑의 군사를 친다면 썩은 나무를 쓰러뜨리는 것과

같아 왕랑을 포로로 잡게 될 것이다."

경감은 그리하여 많은 무공을 세우고 후에 건의대장군(建儀大將軍)이 되었다.

烏 까마귀 오

• **烏鵲**(오작) : 까마귀와 까치.

衆 무리 중

• **聽衆**(청중) : 강연이나 설교 따위를 듣는 사람들.

屋上架屋
옥 상 가 옥

지붕 위에 또 지붕을 얹는다는 뜻으로, 필요 없
는 일을 이중으로 하는 것을 가리키는 말이다.

출전 : 세설신어(世說新語)

남북조시대 인지추(顔之推)라는 학자가 자손을 위해 《안씨가훈(顔
氏家訓)》이라는 책을 냈고 그 서문에는 다음과 같이 적혀 있다.

"위진(魏晉) 이후에 나온 책들은 그 내용이 중복되고 서로 남의
흉내만을 내고 있어, 그야말로 지붕 밑에 지붕을 만들고 평상 위에
평상을 만든 것과 같다."

위진이래　소저제자　이중사부
魏晉已來　所著諸子　理重事復

지상모학　유옥하가옥　상상시상이
遲相撲學　猶屋下架屋　牀上施牀爾

이처럼 원전(原典)에는 지붕 밑에 지붕을 만든다는 옥하가옥(屋下架屋)으로 나와 있으나 현대에는 옥상가옥으로 쓰이고 있다.

屋 집　옥

• 屋上(옥상) : 지붕 위.

架 시렁　가

• 架設(가설) : 설치함.

玉石混淆

옥 석 혼 효

옥과 돌이 한데 뒤섞여 있다는 뜻으로, 좋은 것
과 나쁜 것이 뒤섞여 있어서 그것을 구별하기가
어려울 때에 사용하는 말이다.

출전 : 포박자(抱朴子)

참됨과 거짓이 반대가 되고 옥과 돌이 뒤섞인다는 것으로 아악도
속악과 같이 보고, 아름다운 옷이나 누더기를 똑같은 것으로 생각
하고 있다.

진위전도   옥석혼효
眞僞顚倒　玉石混淆

동광악어상동   균룡장어훼복
同廣樂於桑同　鈞龍章於卉服

이러한 모양인데 모두들 태평스럽게 아무렇지도 않다는 듯이 지
내고 있는 것은 참으로 한탄스러운 일이다.

玉 옥　옥

• 玉石(옥석) : 옥과 돌. 좋은 것과 나쁜 것.

混 섞을　혼

• 混亂(혼란) : 어지럽고 질서가 없음.

淆 뒤섞일　효

• 混淆(혼효) : 서로 분간이 안 되게 함부로 뒤섞거나 뒤섞임.

溫故而知新
온 고 이 지 신

옛것을 익혀서 새로운 것을 안다는 말로, 보통
온고지신(溫故知新)으로 줄여서 쓴다.

출전 : 논어(論語)

"옛것을 되새기어 새것을 살필 줄 알면 능히 남의 스승이 됨직
하다."

온 고 이 지 신   가 이 위 사 의
溫故而知新   可以爲師矣

과거를 충분히 알아야 현실을 더 확실히 인식하게 된다는 의미가 깔려 있다.

고전(古典)의 근본 정신을 잘 알아서 새 지식을 바르게 인식하면 스승이 될 수 있다. 모든 학문은 이런 식으로 닦아야 한다는 것이다.

溫 따뜻할 온

• **溫和(온화)** : 마음이 부드럽고 순함.

故 연고 고

• **故意(고의)** : 일부러 하는 행동이나 생각.

龍頭蛇尾

용 두 사 미

용의 머리에 뱀의 꼬리라는 말로, 처음에는 아주
그럴 듯하게 보였으나 끝에 가서는 흐지부지하게
되는 경우를 가리킨다.

출전 : 벽암집(碧巖集)

진존자라는 사람이 어떤 스님을 만나 대화를 하던 중 갑자기 상
대가 '에잇!' 하고 호령을 하는 것이었다. 그래서
　"허허, 야단맞았군."
하고 상대를 바라보자 그 스님은 또다시,

"에잇!"

하고 꾸중을 하는 것이었다.

'이 스님이 얼른 보기엔 그럴 듯하게 보이기는 하는데 역시 참으로 도를 깨우치지는 못한 것 같다. 아마도 용의 머리에 뱀의 꼬리이기 쉬울 것 같다.'

似則似　是則未是　只恐龍頭蛇尾
시 즉 시　시 즉 미 시　지 공 용 두 사 미

라고 생각했다. 처음에는 큰소리를 쳤으나 결국 그 스님은 아무것도 아닌 보통 사람으로 뱀의 꼬리를 내보이고 만 것이다.

頭 머리　두

· **頭角(두각)** : 뛰어난 재능.

尾 꼬리　미

· **末尾(말미)** : 책, 또는 문서에 적힌 끝부분.

臥薪嘗膽
와 신 상 담

땔나무 위에서 자고, 쓰디쓴 곰의 쓸개를 핥으며 패전의 굴욕을 되새겼다는 뜻에서, 원수를 갚거나 목적을 이루기 위하여 괴로움을 참고 견디는 것을 말한다.

출전 : 십팔사략(十八史略)

오(吳)나라 왕 합려(闔閭)는 군사를 이끌고 월(越)나라로 쳐들어갔다가 월(越)나라 왕 구천(句踐)에게 패하여 죽었다. 그는 죽기 직전 아들인 부차(夫差)에게 복수를 부탁하였다. 부차는 그후 땔나무 위

에서 자며 자기 방을 출입하는 사람들에게,

"부차야! 월나라 사람이 너의 아버지를 죽인 것을 잊었느냐."
라고 외치게 했다.

월나라 왕 구천은 부차의 결심을 듣고 기선을 제압하려고 오나라에 쳐들어갔으나 부차에게 패했다. 그는 오천 명의 군사를 거느리고 간신히 회계산으로 달아났지만, 부차에게 신하가 되기로 약속하고 굴욕적으로 항복을 하게 된다.

온갖 모욕을 겪고 월나라로 돌아온 구천은 자리 옆에 항상 곰의 쓸개를 달아두고 이 쓸개를 핥으며 마음속으로 복수를 다짐했다.

"너는 회계산의 치욕을 잊었느냐."

그후 월나라를 부강하게 만든 구천은 다시 오나라를 공격하였다.

오나라 왕 부차는 결국 월나라와의 전쟁에서 크게 패하여 자살하고 만다.

와신상담은 오나라 왕 부차의 와신(臥薪)과 월나라 왕 구천의 상담(嘗膽) 두 이야기가 합쳐진 것이다.

臥 누울　와

• 臥病(와병) : 병으로 누워 있음.

薪 땔나무　신

• 薪木(신목) : 땔나무.

嘗 맛볼　상

• 嘗味(상미) : 맛을 봄.

完璧

완 벽

원래는 구슬을 온전히 보존한다는 뜻으로, 결점
이 없이 훌륭한 것을 의미하기도 하고 완전 무결
하다는 말로도 사용된다.

출전 : 사기(史記)

조(趙)나라의 혜문왕(惠文王)은 당시 천하의 보물로 이름난 화씨
(和氏)의 구슬을 가지고 있었다. 이를 탐낸 진(秦)나라의 소양왕(昭陽
王)은 열다섯 개의 성과 교환할 것을 제의하였다. 그러나 진나라의
속셈은 구슬만 빼앗자는 것이었으므로 조나라에서는 대책을 강구하

지 않을 수 없었다.

이때 인상여(藺相如)라는 신하가 사신으로 가기를 자청하였다.

"열다섯 개의 성이 우리 조나라의 소유가 된다면 구슬을 그대로 두고 오겠지만, 만약 그렇지 않을 경우에는 구슬을 온전히 하여 귀국하겠습니다."

인상여가 진나라에 가서 구슬을 진나라 소양왕에게 바쳤으나 짐작했던 대로 소양왕은 약속을 이행하지 않았다.

"지금 왕께서 약속을 지키지 않으시니 신은 이 구슬을 기둥에 대고 머리로 받아 부숴버리려 합니다."

이와 같은 인상여의 호기로운 태도에 기가 질린 소양왕은 구슬을 포기할 수밖에 없었다. 이리하여 인상여는 귀국하여 일약 대신의 지위에 오르게 되고 뒤이어 조나라의 재상이 되었다.

完 완전할 **완**

• 完結(완결) : 완전히 끝을 맺음.

璧 둥근 옥 **벽**

• 雙璧(쌍벽) : 우열을 가릴 수 없이 특히 뛰어난 둘.

愚公移山
우 공 이 산

남이 보기에는 어리석어 보이지만 포기하지 않고
계속하다 보면 언젠가는 목적을 달성하게 된다는
말이다.

출전 : 열자(列子)

우공(愚公)은 나이가 아흔 가까이 된 노인이었다. 그는 태항산(太
行山)이 앞을 가로막고 있었기 때문에 나다니기에 몹시 불편하게
여겼다. 그래서 가족들과 함께 힘을 모아 이 산을 옮기기로 했다.
그는 아들·손자와 함께 산을 허물고 돌을 깨서 삼태기에 담아 바

다에 가서 버리고 오곤 했는데, 한 번 갔다 오는데 일 년이 걸렸다
고 한다. 다른 노인이 이것을 보고 웃으며 말했다.

"살 날도 얼마 남지 않은 사람이 그 약한 힘으로 어떻게 많은 돌
과 흙을 운반하려 하는가?"

"내가 죽더라도 나에게는 자식이 남아 있고, 그 자식이 손자를
낳고, 그 손자가 다시 자식을 낳지 않는가? 언젠가는 산이 평평해
질 날이 있을 것이네."

우공이 이렇게 말하자 그 노인은 아무 말도 하지 못했다.

산신령이 이 소문을 듣고 옥황상제에게 이를 호소했다. 그러자
옥황상제는 우공의 정성에 감동하여 지금의 자리로 태항산을 옮겨
주었다.

愚 어리석을 우

• 愚弄(우롱) : 남을 업신여기고 놀림.

移 옮길 이

• 移徙(이사) : 집을 옮김.

有備無患
유 비 무 환

사전에 미리 준비가 갖추어져 있으면 전혀 걱정
이 없다는 말이다.

출전 : 서경(書經)

고종 임금에게 올린 말 가운데 들어 있다.
"생각이 옳으면 이를 행동으로 옮기되 그 옮기는 것을 시기에 맞
게 하십시오.

여 선 이 동   동 유 궐 시

慮善以動　動惟厥時

　오직 모든 일은 다 그 갖춘 것이 있는 법이니 갖춘 것이 있어야
만 근심이 없게 될 것입니다.

유 사 사 내 기 유 비　　유 비 무 환
惟事事乃其有備　有備無患

　편안히 지낼 때에는 항상 위태로움을 생각하여야 하고 위태로움
을 생각하게 되면 항상 준비가 있어야 하며 충분한 준비가 되어 있
으면 근심과 재난이 없을 것입니다."

거 안 사 위　　사 즉 유 비　　유 비 즉 무 환
居安思危　思則有備　有備則無患

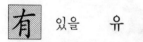 있을　유
· 有識(유식) : 학식이 있음.

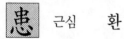 근심　환
· 憂患(우환) : 근심이 되는 일이나 질병.

泣斬馬謖
읍 참 마 속

눈물을 흘리면서 명령을 어긴 마속(馬謖)의 목
을 베었다는 뜻에서, 큰 목적을 이루기 위해서는
아끼는 사람도 과감히 버림을 이르는 말이다.

출전 : 촉지(蜀志)

촉(蜀)나라 때 제갈공명(諸葛孔明)은 수도인 성도(成都)를 출발하
여 북벌(北伐)을 떠났다.

이때 가장 어려운 임무를 맡겠다고 지원한 사람이 마속(馬謖)이
다. 마속은 제갈공명과 절친한 친구인 마량(馬良)의 아우로, 재기가

넘쳐 공명이 친동생처럼 아끼던 부하였다.

그러나 마속은 공명의 지시를 어기고 멋대로 행동하여 위군에게 요지를 빼앗기고 말았다. 한중으로 퇴각한 공명은 군법에 따라 마속을 참수(斬首)하였다. 현장에 끌려 나오는 마속을 보고 공명은 울었다고 한다.

泣 울 읍

• 泣訴(읍소) : 눈물을 흘리면서 간절히 하소연함.

斬 벨 참

• 斬新(참신) : 매우 새로움.

以心傳心
이 심 전 심

마음에서 마음으로 전한다는 뜻이다.

출전 : 전등록(傳燈錄)

"부처님이 가신 뒤 법을 가섭에게 붙였는데 마음으로써 마음에 전했다."

불멸후　　부법어가섭　　이심전심
佛滅後　　附法於迦葉　　以心傳心

어느 날 세존은 제자들을 모아놓고 설교를 했다. 그때 세존은 연꽃 하나를 따들고 제자들에게 보였다. 제자들은 그 뜻을 알 수 없어 잠자코 있었는데 그 중 가섭만이 그 뜻을 깨닫고 활짝 미소를 지어 보였다. 이것이 바로 이심전심이다.

心 마음 심

· **心境(심경)** : 마음의 상태. 마음가짐.

傳 전할 전

· **傳染(전염)** : 옮아 물듦.

李下不整冠
이 하 부 정 관

오얏나무 밑에서 갓을 고쳐쓰면 도둑으로 몰리기
쉽다는 말로, 남에게 의심받을 만한 일은 아예
하지 말라는 뜻이다.

출전 : 열녀전(烈女傳)

　제(齊)나라는 위왕(威王)이 왕위에 있었으나 국정은 주파호(周破
胡)가 손아귀에 쥐고 있었다. 위왕의 후궁 중에 우희(虞姬)라는 여자
가 있어 주파호의 행동을 보다 못해 왕에게 호소했다.

　"주파호는 속이 검은 사람입니다. 등용하시면 안 됩니다."

이 말이 주파호의 귀에 들어가고 말았다. 주파호는 우희를 눈엣 가시처럼 여겨 모함하고자 우희와 어떤 사나이의 사이가 수상하다 고 떠들어댔다. 그래서 왕은 9층이나 되는 누각 위에 우희를 감금 하고 관원에게 조사를 시켰다.

그러나 우희는 위왕에게 이렇게 말했다.

"저는 10여 년 동안 진심으로 왕을 위해 힘을 다했습니다만 지금 이렇게 간사한 자의 모함에 휘말리고 말았습니다. 제가 결백하다는 것은 명백합니다. 만약 제게 죄가 있다면 그것은 과전부납리(瓜田不 納履)하고 이하부정관(李下不整冠)하라는 의심받을 일을 피하지 않 았던 것입니다."

우희가 진심으로 이렇게 충언하자 위왕은 마침내 조파호를 죽이 고 내정을 바로잡았으므로 제나라는 크게 안정이 되었다.

整 가지런할 정

• **整理**(정리) : 가지런히 바로잡음.

冠 갓   관

• **冠略**(관략) : 편지에 인사를 줄인다는 뜻.

一刻千金

일 각 천 금

짧은 시간이라도 천금의 값어치가 있을 정도로
귀중하다는 뜻이다.

출전 : 소동파(蘇東坡)

송(宋)나라 소동파(蘇東坡)의 시 가운데 '춘야행(春夜行)'이라는 것
이 있다.

춘 소 일 각 치 천 금
春宵一刻値千金

봄날 달밤의 한때는 천금의 값어치가 있네

_{화 유 청 향 월 유 음}
花有淸香月有陰

꽃에는 맑은 향기가 있고, 달은 희미하게 흐려져 있다.

_{가 관 루 대 성 적 적}
歌管樓臺聲寂寂

노래 부르고 피리 불던 누대도 소리 없이 적적하네

_{추 천 원 락 야 침 침}
鞦韆院落夜沈沈

그네가 걸려 있는 안뜰은 밤만 깊어가누나

刻 새길 **각**

• 刻苦(**각고**) : 몹시 애씀.

金 쇠 **금**

• 金融(**금융**) : 돈의 유통.

一擧兩得
일 거 양 득

한 가지 일로써 두 가지 이득을 얻는 것을 말한
다. 일석이조(一石二鳥)와도 뜻이 같다.

출전 : 춘추후어(春秋後語)

　옛날 변장자(辯莊子)라는 사나이가 여관에 투숙하고 있었다. 그때
호랑이가 나타났다는 말을 듣고 잡으러 나가려고 하자 여관에 속해
있던 하인의 아이가 그를 말렸다.

　"그렇게 서두를 필요 없습니다. 천천히 기다리세요. 호랑이 두 마
리가 소를 잡아먹으려고 하거든요. 조금 있으면 두 마리 호랑이가

소를 서로 먼저 먹으려고 싸울 것입니다. 두 마리가 싸움을 하면 약한 놈은 죽을 것이고, 한 놈도 이기기는 했지만 상당한 상처를 입고 기진 맥진해 있을 겁니다. 그때 놈을 찔러 죽이면 한 번에 두 마리의 호랑이를 잡게 되니 일거양득이지요."

듣고 있던 변장자는 그 말 그대로 해서 두 마리의 호랑이를 잡았다.

擧 들 거

• 檢擧(검거) : 법령을 위반한 사람을 수사 기관에서 잡아들임.

得 얻을 득

• 得勢(득세) : 형편이 유리하게 됨.

一網打盡
일 망 타 진

한 가지 일을 구실로 한꺼번에 여러 명을 모조리
잡아버린다는 뜻이다.

출전 : 송사(宋史)

송조(宋朝) 제4대 인종 황제 때 청렴하고 강직하기로 이름 높은
두연(杜衍)이 국무총리가 되었다.

국무총리가 된 두연은 황제가 내리는 은조(恩詔)를 묵살해 버리고
그것을 다시 되돌려 보냈다. 그러나 이러한 두연을 원망하며 그가
실각할 기회만 노리는 자가 있었다.

 그런데 마침 두연의 사위인 소순흠(蘇舜欽)이 공금을 유용하여 사치스러운 생활을 했다. 어사인 왕공진(王拱辰)이 평소부터 두연의 태도를 못마땅하게 여기고 있던 터였으므로, 소순함 등을 잡아 옥에 가두고 엄하게 조사하여 관련자들을 모두 잡아들였다. 그리고는 일망타진하였다고 의기양양하였다. 이 사건 때문에 두연은 국무총리직에서 물러나게 되었다.

 벼리　강

• 要綱(요강) : 중요한 근본 사항.

 다할　진

• 無盡(무진) : 다함이 없음.

一以貫之

일 이 관 지

하나로 줄줄이 꿰었다는 말로 처음부터 끝까지
변함이 없다는 뜻이다.

출전 : 논어(論語)

"참아, 나의 도는 하나로써 꿰었느니라."

참 호　오 도 일 이 관 지
參乎,　吾道一以貫之

공자께서 이렇게 말하자, 증자가 대답했다.

"네."

공자께서 나가자 문인(門人)이 물었다.

"무엇을 이르신 것입니까?"

증자가 나직이 대답했다.

"선생님의 도는 충성(忠誠)과 용서(容恕)일 뿐이다."

위영공편(衛靈公篇)에는 또 이렇게 기록되어 있다.

"사야, 너는 내가 많이 배워서 모두 이치를 다 아는 자라고 생각하느냐?"

사 야   여 이 여   위 다 학 이 식 지 자 여
賜也, 女以予 爲多學而識之者與

공자께서 묻자 자공이 대답했다.

"그렇습니다. 그럼 그렇지 않다는 말씀입니까?"

"아니다, 나는 한 가지 이치로 모든 일을 꿰뚫느니라."

비 야   여 일 이 관 지
非也, 予一以貫之

貫 펠 관

• 貫鄕(관향) : 시조(始祖)가 난 땅. 本貫(본관)

之 갈 지

• 論之(논지) : 이것을 따져서 말함.

一敗塗地

일 패 도 지

한 번 패해 넘어지면 뇌가 땅에 뒹군다는 것으로, 여지없이 패하여 다시 일어설 수 없게 됨을 일컫는 말이다.

출전 : 사기(史記)

진(秦)의 백성들은 유방을 맞이하여 현령(縣令)으로 추대하려 했다. 이때 유방이 사양한 말 속에 일패도지라는 문구가 나온다.

"천하가 소란한 중에 제후들이 여기저기서 일어나고 있다. 이때에 훌륭한 인물을 가려 장수로 삼지 않는다면 일패도지하고 말 것이다."

천하방요   제후병기   금치장불선   일패도지
天下方擾　諸侯併起　今置將不善　一敗塗地

　그러나 여러 사람이 유방을 극구 추대하였으므로, 마침내 유방은
현령이 되어 패공(沛公)이라 일컬어졌다.

敗 패할　패

・敗北(패배) : 싸움에서 짐.

塗 바를　도

・塗炭(도탄) : 생활 형편이 몹시 곤란하여 괴로운 지경을 이르는
　　　　　　말.

前車之覆轍 後車之戒

전 거 지 복 철　후 거 지 계

앞 수레가 지나간 바퀴 자국은 뒤에 오는 수레의
좋은 경계가 된다는 뜻으로, 맨 처음에 좋은 본
보기를 보여야 뒤에 따르는 사람도 옳게 행하게
된다는 뜻이다.

출전 : 한서(漢書)

　전한(前漢)의 환제 문제는 원래 제후 출신이었으므로, 제후 중에
서는 이를 업신여기는 자가 있었다. 그래서 문제는 국정 쇄신에 힘
을 다했다. 명신인 가의(賈誼)는 문제를 도와 정치를 행하는 데 있

어 중국 최고의 나라인 하(夏)로부터 진(秦)나라에 이르기까지 각국의 흥망의 자취를 거울 삼아 제후의 힘을 꺾고 백성의 힘을 기르기 위해 많은 공을 세웠는데 그는 이런 문장을 지었다.

"속담에 앞 수레가 지나간 바퀴 자국은 뒤에서 오는 수레에 좋은 경계가 된다."

覆 엎을 복

• 覆面(복면) : 얼굴을 볼 수 없도록 가림.

轍 수레바퀴 자국 철

• 前轍(전철) : ① 이미 지나간 수레바퀴의 자국. ② 앞사람의 실패.

井中之蛙

정 중 지 와

우물 안에 들어 있는 개구리라는 말로, 소견이
좁은 사람을 말한다. 정저와(井低蛙)와 같은 뜻
으로 쓰인다.

출전 : 장자(莊子)

"우물 안 개구리에게 바다에 대해 말할 수 없는 것은 그가 사는
곳에만 사로잡혀 있기 때문이다."

정 와 불 가 이 어   어 해 자   구 어 처 야

井蛙 不可以語 於海者 拘於處也

  식견이 없는 선비에게 도를 말할 수 없는 것은 그들이 배운 상식에만 묶여 있기 때문이다.

  이와 같이 우물 안에서만 살다가 큰 바다를 구경하면 자기의 좁은 견문을 알게 되니, 모든 것에 더욱더 노력을 할 것이다.

井 우물　정

• 市井(시정) : 인가가 모인 곳. 市街(시가)

蛙 개구리　와

• 井底蛙(정저와) : 우물 안 개구리. 곧, 넓은 사회의 사정을 모른다
　　　　　는 뜻.

糟糠之妻
조 강 지 처

가난하여 술지게미와 쌀겨로 끼니를 이어가며 고
생을 같이 해 온 아내라는 뜻으로, 곤궁할 때부
터 고난을 함께 겪은 본처(本妻)를 흔히 일컫
는다.

출전 : 후한서(後漢書)

후한(後漢) 광무제(光武帝)의 누이인 호양공주(湖陽公主)가 과부가
되자 광무제는 재혼시킬 생각으로 그녀의 의향을 물어보았다. 그랬
더니 그녀는 이렇게 대답했다.

"송홍(宋弘) 같은 사람이 아니라면 재혼할 생각이 없습니다."

그러던 어느 날 송홍이 알현하러 들어오자 광무제가 다음과 같이 물었다.

"속담에 이르기를 '지위가 높아지면 친구를 바꾸고 집이 부유하여지면 아내를 바꾼다'고 하였는데 그렇게 할 수 있겠는가?"

그러자 송홍은 서슴지 않고 대답하였다.

"신은 지게미와 쌀겨를 먹으며 같이 고생한 아내는 집에서 내칠 수 없다고 들었습니다."

이처럼 단호한 답변을 들은 광무제는 호양공주에게 말하였다.

"일이 틀린 것 같다."

아무리 황제인 광무제라 할지라도 자신의 누이를 재혼시키기 위하여 송홍의 의사를 무시하고 그의 본부인을 내치게 할 수는 없었던 것이다.

糟 지게미 조

• 糟糠(조강) : 가난한 사람이 먹는 변변치 못한 음식.

糠 겨 강

• 糠粃(강비) : 겨와 쭉정이. 거친 식사.

朝三暮四

조 삼 모 사

아침에는 세 개, 저녁에는 네 개라는 말로 두 가
지 뜻이 있다.
① 간사한 꾀로 남을 속이는 것.
② 눈 앞에 보이는 차이만 알고 결과가 똑같음을
　모르는 어리석은 것.

출전 : 열자(列子)

　송(宋)나라의 저공(狙公)이라는 사람은 원숭이를 매우 좋아해서
많은 원숭이를 사육하고 있었다. 그는 원숭이와 서로 뜻이 통할 정

도로 원숭이를 아끼고 사랑했지만, 원숭이의 숫자가 많아지자 어쩔 수 없이 이들의 식량을 제한해야만 했다.

"너희들에게 도토리를 아침에 세 개 주고 저녁에 네 개 주면 어떻겠는가?"

저공이 이렇게 말하자 모든 원숭이들이 일어나 화를 내었다.

"그렇다면 아침에 네 개 주고 저녁에 세 개 주면 어떻겠는가?"

저공이 바꾸어 말하자 원숭이들은 모두 뛸 듯이 좋아했다.

열자는 다음과 같이 결론 짓고 있다.

'지자(智者)가 우자(愚子)를 농락하는 것도, 저공이 지(智)로써 원숭이들을 농락하는 것과 같다.'

朝 아침 조

• 朝刊(조간) : 아침에 발행되는 신문. ↔ 夕刊(석간)

暮 저물 모

• 暮秋(모추) : 늦은 가을. 晩秋(만추)

助長
조 장

도와서 성장시키게 한다는 뜻으로, 좋지 못한 일
을 옆에서 부추기고 눈감아 주는 것을 이른다.

출전 : 맹자(孟子)

공손축(公孫丑)은 맹자(孟子)가 제(齊)나라로 오자 맹자에게 질문
을 하였다.

"만약 제나라의 재상이 된다면 마음이 움직이지 않겠습니까?"

그러자 맹자는 부동심(不動心)을 지니고 있기 때문에 마음이 흔들
리지 않는다고 하였다. 그리고 호연지기(浩然之氣)를 비유하여 설명

하였다.

　송나라 사람 중에 벼의 싹이 자라지 않는 것을 근심하여 그 싹을 잡아 뽑는 이가 있었다. 그리고는 지친 듯이 돌아와 집안 사람들에게 말하기를,

　"오늘은 무척 피곤하구나, 내가 싹이 자라는 것을 도와주었지."

라고 하자 그 아들이 달려가 보니 싹은 이미 말라 있었다.

　천하에 벼의 싹이 자라도록 억지로 돕지 않는 자는 적으니, 유익함이 없다 해서 버려두는 자는 비유하자면 벼의 싹을 김매지 않는 자요, 억지로 조장하는 자는 벼의 싹을 뽑아놓는 자이니, 이는 비단 유익함이 없을 뿐만이 아니라 도리어 해치는 것이다. 그 자체를 뿌리째 못 쓰게 만들어 버리는 것이다.

助 　도울　　조

· **內助(내조)** : 아내가 남편을 도움.

長 　길　　　장

· **長技(장기)** : 훌륭하게 뛰어난 기술.

竹馬之友

죽 마 지 우

어릴 때 대나무로 만든 말을 타며 함께 놀던 친구라는 뜻으로, 어릴 때부터 같이 놀며 자라던 친구를 말한다.

출전 : 세설신어(世說新語)

진(晋)의 은호(殷浩)는 격식과 도량이 넓어 평판이 높았다. 그 당시는 환온(桓溫)이 촉(蜀)을 평정하고 돌아와 한창 기세가 대단한 때였다. 두 사람은 서로 의심을 품은 눈으로 상대방을 경계하고 있었다. 왕희지(王羲之)가 두 사람을 화해시키려고 했으나 은호는 응

하지 않았다.

환온은 사람들에게 이렇게 말했다.

"나는 어릴 때 은호와 함께 죽마(竹馬)를 타고 놀았는데, 내가 죽마를 버리면 은호가 언제나 그것을 가졌다. 그러므로 내 밑에 있는 것이 당연하다."

그후 은호는 유배처에서 죽고 말았다.

결국 환온은 죽마지우인 은호를 잃고 쓸쓸하게 지냈다고 한다.

竹 대   죽

• 竹杖(죽장) : 대로 만든 지팡이.

友 벗   우

• 友邦(우방) : 서로 친밀한 관계를 가진 나라.

衆口難防

중 구 난 방

여러 사람들의 입을 막기는 어렵다는 뜻으로, 뭇
사람들이 마구 떠들어대는 소리는 감당하기 어렵
다. 그러니까 행동과 말을 조심하고 삼가야 한다
는 말이다.

출전 : 십팔사략(十八史略)

십팔사략(十八史略)에 보면 소공(召公)이 주여왕(周厲王)의 언론
탄압 정책을 간하여 이렇게 말했다.
"백성들의 입을 막는 것은 내를 막는 것보다 더한 것입니다."

방민지구　심어방천
防民之口　甚於防川

　그러나 여왕은 소공의 말을 듣지 않고 함구령을 계속 밀고 나갔다. 그로 인해 여왕은 폭동을 만나 달아난 곳에서 갇혀 사는 불행한 신세가 되었다.

衆 무리　중

• 公衆(공중) : 사회의 여러 사람.

難 어려울　난

• 難色(난색) : 어려워하는 낯빛.

指鹿爲馬
지 록 위 마

사슴을 가리켜 말이라고 한다는 뜻에서, 윗사람
을 농락하여 권세를 마음대로 휘두르는 것을 말
한다.

출전 : 십팔사략(十八史略)

진(秦)나라는 승상 조고(趙高)가 권력을 장악하여, 왕은 허수아비
와 마찬가지였다. 조고는 진시황(秦始皇)의 큰 아들인 부소(扶蘇)를
죽이고, 둘째아들인 호해(胡亥)를 왕으로 세울 정도로 막강한 권력
을 휘둘렀다.

그는 어느 날 사슴 한 마리를 왕에게 바치면서 말이라고 했다.
왕은 어이가 없어 웃으며,

"승상이 잘못 알았소. 사슴을 어째서 말이라고 하오."
라고 했다.

왕은 답답하여 주위에 있던 여러 신하들에게 직접 물어보았다.
그러자 어떤 신하는 대답을 못 하고, 어떤 신하는 사슴이라고 사실
대로 대답했다. 조고는 이제 자신을 편들어 주는 신하와 자신을 반
대하는 신하가 누구인지를 확실하게 알게 되었다.

그는 뒤에 사슴이라고 대답한 신하들은 모두 법에 걸어 죽여버렸
다. 그 뒤로 신하들은 모두 조고를 두려워하여 아무도 그의 잘못을
사실대로 말하는 자가 없었다. 결국 진시황이 천하를 통일한 지 얼
마 되지 않아 진나라는 멸망하고 말았다.

指 손가락　지

• 指紋(지문) : 손가락 끝 마디 안쪽에 있는 피부의 주름.

鹿 사슴　록

• 鹿茸(녹용) : 새로 돋은 사슴의 연한 뿔.

天高馬肥

천 고 마 비

하늘은 높고 말은 살찐다는 뜻으로, 가을이 살기
에 좋은 계절이라는 것을 말한다. 그러나 원래
뜻은 옛날 중국에서 흉노족의 침입을 경계하고자
나온 말이다.

출전 : 두심언(杜審言)

흉노(匈奴)의 주거는 중국 북쪽에 있는 초원으로 방목과 수렵이
생업이었다. 봄부터 여름까지 푸른 초원에서 풀을 먹은 말은 가을
에는 토실토실하게 살찐다. 그리고 초원에는 매서운 추위가 찾아

든다.

그러면 겨울의 식량을 찾아 흉노들은 따뜻한 남쪽으로 밀려 내려
왔다. 그리고는 살찐 말을 타고 몰려와 노략질을 해 갔으므로 사람
들은 겁을 먹었다.

"또 저 흉노가 습격해 온다. 싸울 준비는 됐는가?"

이렇게 외치며 경계를 한층 더 강화했다.

高 높을 고

· 高尚(고상) : 기품이 있고 취미가 높음.

肥 살찔 비

· 肥沃(비옥) : 땅이 기름짐.

千慮一失
천 려 일 실

천 번의 생각에 한 번의 실수라는 뜻으로, 아무
리 지혜가 있는 사람이라도 여러 가지 생각을 하
다 보면 한두 가지는 실수를 범하는 수가 있다는
말이다.

출전 : 사기(史記)

광무군(廣武君) 이좌거(李左車)가 한신(韓信)의 자문에 답하기를,
"듣자 하니 지혜로운 사람이 천 번 생각하면 반드시 한 번은 잃
는 일이 있고, 어리석은 사람이 천 번 생각하면 반드시 한 번은 얻

는 것이 있다고 했습니다. 미친 사람의 말도 성인이 택한다고 했습니다. 생각건대 내 꾀가 반드시 쓸 수 있는 것이 못 되겠지만 다만 어리석은 충성을 다할 뿐입니다."

신 문　지 자 천 려 심 유 일 실
臣聞　智者千慮心有一失

우 자 천 려 필 유 일 득　고 왈
愚者千慮必有一得　故曰,

광 부 지 언　성 인 택 언
狂夫之言　聖人擇焉

고 공 신 계　미 필 족 용　원 효 우 충
顧恐臣計　未必足用　願效愚忠

 慮 생각할　려

• 心慮(심려) : 마음속의 근심.

 失 잃을　실

• 失言(실언) : 실수로 말을 잘못함.

千里眼
천 리 안

천리를 내다보는 눈이라는 뜻으로, 먼 곳에서 일
어나는 일도 잘 알아내는 것을 말한다.

출전 : 위서(魏書)

북위(北魏) 말경 양일(楊逸)이라는 청년이 광주(光州)의 태수가 되
어 부임해 와서 이렇게 말했다.

"나라의 근본이 되는 것은 백성들이다. 그 백성들의 명을 잇는
것은 식량인즉 백성들이 굶주리게 해서는 안 되는 법이다."

이리하여 식량을 방출하고 또 노인이나 병자들에게는 밥을 지어

주었다.

양일이 부임해 오기 전에는 관청에서 관리나 병사들이 나오면 으레 연회가 열렸었다. 그러나 양일이 부임해 오면서부터는 완전히 자취를 감추고 만 것이었다. 그래서 모두들 그 까닭을 물어보았더니 한결같이 이렇게 대답했다.

"양태수께서는 천리를 내다보는 눈을 가지고 계시오. 그러므로 도저히 속일 수가 없습니다."

양 사 군　유 천 리 안　나 가 기 지
楊使君　有千里眼　那可欺之

사실 양일은 관리나 군인들의 악폐를 근절시키기 위해 그의 심복들을 주내에 배치시켜 두고 그들의 움직임을 낱낱이 보고하도록 하였던 것이다.

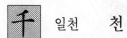 일천　**천**

• **千秋(천추)** : 오래고 긴 세월.

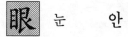 눈　**안**

• **眼目(안목)** : 사물을 분별하는 견식.

千載一遇

천 재 일 우

천년 만에 한 번 만나게 되는 것으로, 좀처럼 만
나기 어려운 좋은 기회를 일컫는 말이다.

출전 : 삼국명신서찬(三國名臣序贊)

《삼국명신서찬》의 서문에는 백락을 만나지 못하면 천년을 가도
천리마 하나 생겨나지 않는다는 말이 있다.

부 미　우 백 락 즉 천 재 무 일 기
夫未　遇伯樂則千載無一騎

즉, 훌륭한 임금과 신하가 서로 만나기 어려운 것을 비유한 다음
계속해서 이렇게 밝혔다.

'무릇 만 년에 한 번 기회가 온다는 것은 사람이 살고 있는 세상
의 공통된 원칙이요, 천년에 한 번 만나게 된다는 것은 어진 사람
과 지혜로운 사람이 용케 만나는 것이다. 이런 기회를 만나면 그
누가 기뻐하지 않으며 이를 놓치면 그 누가 한탄하지 않겠는가.'

부 만 세 일 기　　유 생 지 통 도　　천 재 일 우　　현 지 지 가 회
夫萬歲一期　有生之通塗　千載一遇　賢智之嘉會

載 실을　재

・揭載(게재) : 신문 따위에 글이나 그림을 실음.

遇 만날　우

・待遇(대우) : 예의를 갖추어 대함.

鐵面皮

철 면 피

쇠로 낯가죽을 하였다는 말로 얼굴색 하나 변하
지 않고 거짓말을 하거나 아첨을 일삼는 파렴치
한 인간을 말한다.

출전 : 북몽쇄언(北夢瑣言)

　'송나라 조선의(趙善耶)는 숭안현(崇安縣)의 지사가 되어 정치를
하는데 법률을 하도 엄격하게 지켰기 때문에 사람들은 그를 조철면
(趙鐵面)이라고 불렀다'는 이야기는 인정사정이 없었다는 뜻으로 철
면이 쓰인 예이다.

鐵 쇠 철

- **鐵則(철칙)** : 변경할 수 없는 규칙.

面 낯 면

- **面識(면식)** : 얼굴을 서로 앎.

皮 가죽 피

- **皮膚(피부)** : 동물의 몸의 겉을 싸고 있는 외피(外皮).

鐵中錚錚

철 중 쟁 쟁

쇠 중에서도 쟁쟁하게 울리는 것이라는 뜻으로,
같은 종류 가운데서도 특히 뛰어난 것을 일컫는
말이다.

출전 : 후한서(後漢書)

후한(後漢)의 광무제는 군대를 도열시켜 열병식을 거행하고 유분
자(劉盆子)를 참관시켰다. 그리고 유분자에게 말했다.

"그대는 자신이 죽을 죄를 지었다는 걸 알고 있는가?"

"잘 알고 있습니다만 폐하께서 불쌍히 여기시어 용서해 주시기를

바랄 뿐입니다. 저희들은 장안을 나올 때부터 폐하께 귀순할 생각
이었습니다. 지금 항복하고 나니 마치 자모(慈母)의 품으로 돌아온
듯한 기분이 듭니다."

광무제는 웃으며 말했다.

"그대들을 쇠에 비유한다면 좀 더 견고한 쇠로써 범인 속에 놓고
보면 얼마쯤 두드러진 사람들임에 틀림없도다."

경 소 위 철 중 쟁 쟁　　용 중　　교 교 자 야
卿所謂鐵中錚錚　傭中　佼佼者也

鐵 쇠　　철

• 鐵拳(철권) : 쇠같이 굳은 주먹.

中 가운데　중

• 中堅(중견) : 단체에서 중심적 역할을 하는 사람.

清談
청 담

이권과 명예를 떠나 정다운 얘기를 하는 것을 뜻
한다.

출전 : 후한서(後漢書)

죽림칠현(竹林七賢)이라는 대나무 숲에 모인 일곱 명의 어진 사람
을 말한다.

소란스런 세정과는 달리 서로 손을 잡고 죽림에서 놀며 세속의
티끌을 초탈한 청고표일(清高飄逸)한 분위기에서 이야기를 나눈 것
을 청담(清談)이라고 한다.

清 맑을 청

· 清楚(청초) : 조촐하고 말쑥함.

談 말씀 담

· 談笑(담소) : 웃으면서 이야기함.

青雲之志

청 운 지 지

청운(푸른 구름)에 뜻을 둔다 하면 훌륭하게 출세
하고 원대한 꿈을 갖고 있다는 말이다.

출전 : 장구치령(張九齒令)

"평민들이 행실을 닦아 이름을 후세에 남기려 해도 청운의 선비
의 힘을 빌리지 않고서야 어찌 그것이 가능하겠는가."

여 항 지 인 　 욕 지 행 입 명 자
閭巷之人　欲砥行立名者

비 부 청 운 지 사 　 오 능 시 우 후 세 재
非附青雲之士　惡能施于後世哉

즉, 백이 숙제 같은 사람도 후세의 성인(聖人)이 그를 위대하게
평해 주지 않았으면 그 이름이 지금까지 전해질 수 있겠느냐는 말
이다. 여기서는 성인이 청운지사로 되었다.

雲 구름　운

• 雲集(운집) : 구름같이 많이 모임.

志 뜻　지

• 志操(지조) : 의지와 절조.

青天霹靂
청 천 벽 력

맑게 갠 하늘에 난데없이 벼락이라는 뜻으로, 뜻
밖의 재난을 비유해서 쓰는 말이다.

출전 : 육유(陸遊)

육유(陸遊)의 호는 방옹(放翁)이다.

닭도 안 우는 늦가을의 어느 새벽에 병상을 박차고 일어나 앉은
육유가 흥이 나는 대로 붓을 놀려 썼던 모양이다.

방 옹 병 과 추

放翁病過秋

병상에 누워 있던 늙은이가 가을이 지나려 하자

홀 기 작 취 묵
忽起作醉墨

홀연히 일어나 취한 듯 붓을 놀린다.

정 여 구 칩 용
正如久蟄龍

정말로 오랫동안 웅크린 용과 같이

청 천 비 벽 력
青天飛霹靂

푸른 하늘에서 벼락이 날리는 듯하다.

天 하늘　천

• 天然(천연) : 자연 그대로. 타고난 그대로.

霹 벼락　벽

• 霹靂(벽력) : 벼락.

青出於藍
청 출 어 람

쪽이라는 풀에서 나온 푸른색이 쪽보다 더 푸르
다는 말로, 열심히 학문을 닦으면 스승보다 뛰어
날 수 있다는 뜻이다. 즉, 스승보다 나은 제자를
일컫는다.

출전 : 순자(荀子)

"학문이란 잠시도 쉬어서는 안 된다. 푸른색은 쪽에서 나오지만
쪽보다 더 푸르고, 얼음은 물이 만들지만 물보다 더 차다."

학 불 가 이 이
學不可以已

청 출 어 람 이 청 어 람
靑出於藍而靑於藍

빙 수 위 지 이 한 어 수
氷水爲之而寒於水

　스승에게서 배우기는 하지만 그것을 더욱더 열심히 익힘으로써 스승보다 더 훌륭한 사람이 될 수 있다는 뜻이다.

靑 푸를　청

• **靑史(청사)** : 역사. 종이가 없던 옛날 대나무의 푸른 껍질을 불에 구워서 사물을 기록했으므로 '청'자를 썼음.

藍 쪽　람

• **伽藍(가람)** : 절.

寸鐵殺人

촌 철 살 인

문장·말 등에서 간단한 한마디 글과 말로써 급
소를 찔러 충격을 주거나 감동시키는 것을 말한
다. 또 간단한 말로 상대자의 약점을 찌른다는
뜻이다.

출전 : 학림옥로(鶴林玉露)

종고 선사가 선(禪)에 대해서 이렇게 말했다.

"살인 수단이란 나는 오직 촌철이 있을 뿐 그것으로 사람을 당장
죽일 수 있다."

아 즉 지 유 촌 철　변 가 살 인
我則只有寸鐵　便可殺人

　종고 선사는 북송(北宋) 때 선승(禪僧)으로 대혜 선사(大慧禪師)라 불렀다. 그가 여기서 말한 살인은 사람의 마음속에 있는 속된 생각을 완전히 쫓아 없애는 것을 말한다. 오직 한 가지만을 깊이 생각하다가 번쩍하며 깨치는 순간 모든 속된 생각이 없어진다고 말한 것이다.

寸　마디　촌

・寸志(촌지) : 조그마한 뜻.

鐵　쇠　철

・鐵則(철칙) : 변경할 수 없는 규칙.

痴人說夢
치 인 설 몽

바보에게 꿈 이야기를 한다는 뜻으로, 아무렇게
나 마구 지껄이는 것을 일컫는다.

출전 : 냉제야화(冷齊夜話)

당나라 때 승가(僧伽)라는 고승이 여행을 하고 있을 때였다. 그가
하는 행동에 이상한 점이 많아서 어떤 사람이 물었다.

"당신은 성이 무엇(何)이오?"

"내 성은 무엇(何)이오."

"어느 나라 사람(何國人)이오?"

"어느 나라 사람입니다(何國人)."

뒷날 당나라의 문인 이옹이라는 사람이 승가를 위해 비문을 썼을 때 그는 승가가 농담으로 받아넘긴 대답인 줄도 모르고 비문에 이렇게 썼다고 한다.
"대사의 성은 하(何)씨이고 하국 사람(何國人)이었다."

대　사　성　하　　하　국　인
大師姓何　何國人

이것이 바로 어리석은 사람에게 꿈을 이야기한다는 것이다. 결국 이옹은 꿈 이야기를 참인 줄로 믿고 말았으니 정말로 어리석은 사람이다.

 어리석을 **치**

·**痴情(치정)** : 옳지 못한 관계로 맺어진 남녀간의 애정.

夢 꿈　　몽

·**夢寐(몽매)** : 잠을 자며 꿈을 꿈.

他山之石

타 산 지 석

다른 사람의 산에서 나온 쓸모없는 돌을 가지고
옥을 갈 수 있다는 뜻으로, 군자도 소인의 행동
을 보고 수양을 쌓을 수 있다는 말이다.

출전 : 시경(詩經)

이 시는 선왕이 초야에 있는 현자를 구하여 타산지석(他山之石)으
로 삼도록 하기 위해 지었다는 작품이다.

원 유 수 단

爰有樹檀

의지하고 쉴 한 그루의 향목은 있어도

기 하 유 곡

其下維穀

그 밑에 나쁜 나무만 있어 그렇게 안 된다.

타 산 지 석

他山之石

다른 산의 몹쓸 돌이라지만

가 이 공 옥

可以攻玉

구슬은 그것으로 갈아서 빛이 난다.

他 다를　타

• 他意(타의) : 다른 사람 생각이나 마음.

石 돌　석

• 石器(석기) : 돌로 만든 여러 가지 기구.

泰山北斗

태 산 북 두

태산과 북두처럼 많은 사람들이 우러러보는 그러
한 존재라는 뜻으로, 어떤 분야에서의 권위자나
제일인자·개척자를 말한다.

출전 : 당서(唐書)

한유(韓愈)는 당송(唐宋) 8대 문장가 중에 첫째 가는 학자이지만,
도교와 불교를 배척하고 유교를 높이 떠받드는 선비로도 유명하다.

당서(唐書) 한유전(韓愈傳)에는 육경(六經)의 문장으로 모든 학자
들의 스승이 되었다.

'한유가 죽은 뒤로, 그의 학설이 세상에 크게 행해지고 있어, 학자들은 그를 태산북두처럼 우러러보았다.'

자 유 몰 기 언 대 행 학 자 앙 지   여 태 산 북 두 운
自愈沒其言大行學者仰之　如泰山北斗云

라고 기록되어 있다.

泰 클　태

• 泰然(태연) : 흔들거리지 않고 굳건한 모양.

斗 말　두

• 斗星(두성) : 북두칠성.

兔死狗烹

토 사 구 팽

토끼를 다 잡고 나면 사냥개가 필요 없게 되어
삶는다는 뜻에서, 요긴한 때에는 소중히 여기다
가도 쓸모 없게 되면 천대하고 버린다는 말이다.

출전 : 사기(史記)

한신(韓信)은 한(漢)나라 유방(劉邦)과 초(楚)나라 항우(項羽)와의
싸움에서 유방이 승리하는 데 큰 공을 세운 사람이다. 전쟁이 끝나
고 천하를 통일한 유방은 한신을 초왕(楚王)에 봉했지만, 늘 그가
자신에게 도전할 것이 걱정되었다.

유방은 한신을 직접 공격해서는 승산이 없다는 것을 알고, 한신을 비롯한 모든 제후들을 초나라 국경인 진(陳)으로 오게 하였다.

이는 모임을 빙자하여 한신을 사로잡으려고 했던 것이다.

한신은 망설이다 자결한 종리매의 목을 가지고 가서 유방에게 바치지만 유방은 한신을 포박하게 했다. 그러자 한신은 다음과 같이 말했다.

"날랜 토끼가 죽고 나면 사냥개도 삶아져 죽고 만다(狡兎死 走狗烹)는 말처럼 내가 죽는 것이 당연하도다."

死 죽을 사

• 死守(사수) : 목숨을 걸고 지킴.

烹 삶을 팽

• 烹茶(팽다) : 차를 달임.

推敲
퇴 고

문장을 다듬고 다듬어 비슷한 말이라도 어느 것
이 더 적절한가를 살피고 생각하는 창작의 최종
적인 단계를 이르는 말이다.

출전 : 상소잡기(緗素雜記)

당나라 시인인 가도(賈島 779 - 845)가 당나라의 서울인 장안(長安)
으로 과거를 보러 갈 때의 이야기이다. 그는 나귀를 타고 가다가
갑자기 시상(詩想)이 떠올랐다. 첫째 구절을 짓고 나서 두 번째 구
절을 지었는데 그것이 바로,

조 숙 지 변 수
鳥宿池邊樹
새는 못가 나무에서 자고

승 고 월 하 문
僧敲月下門
중은 달 아래 문을 두드린다.

라는 것이다. 그런데 '두드린다'는 '敲(고)'자보다 '민다'는 뜻의 '推 (퇴)'자가 어떨까 하는 생각이 들었으나 어느 것이 나은지 판단이 서지 않았다. 그래서 그는 두 개의 글자를 중얼거리며 가다보니 귀 인의 행차가 오는 것도 알지 못하였다.

그리고는 행차를 범하였다는 죄로 귀인의 앞에 끌려가게 되었는 데, 그 귀인이란 다름 아닌 당대의 최고 문장가인 한유(韓愈)였다. 가도가 행차를 범하게 된 이유를 설명하자, 한유는 잠시 생각에 잠 겼다가 역시 '퇴'자보다는 '고'자가 낫겠다고 말하였다. 그 뒤부터 두 사람은 문학적인 친구가 되었다고 한다.

이때부터 퇴고라는 말을 사용하게 되었다.

推 밀 퇴
• 推敲(추고·퇴고) : 글을 지을 때 자꾸 다듬고 고치는 일.

敲 두드릴 고
• 敲門(고문) : 문을 툭툭 두드림.

破鏡

파 경

깨어진 거울이라는 뜻으로, 부부가 헤어져 영원
히 다시 합칠 수 없게 된 경우를 가리킨다.

출전 : 태평광기(太平廣記)

남북조(南北朝)시대 때 진(陳)나라의 서덕언(徐德言)은 수(隋)나라
의 대군이 양자강 북쪽 기슭에 도착하자 만일의 경우를 생각해서
아내를 불러 이렇게 말했다.

"이 나라가 망하게 될 경우 다시 만나기 어려울 테지."

하고는 옆에 있던 거울을 둘로 쪼개어 아내에게 주면서 말하였다.

"이것을 소중히 간직하시오. 그리고 정월 보름날 저잣거리에서 만납시다."

과연 진나라는 수나라에 함락되고 서덕언의 아내는 수나라 공신인 양소(楊素)의 집으로 들어가게 되었다.

일 년이 지난 후 서덕언은 약속한 장소로 가 보았다. 그러나 그 장소에 나온 사람은 헤어진 아내의 심부름꾼이었다. 서덕언은 실망한 나머지 다음과 같은 시를 한 수 적었다.

거울은 사람과 더불어 함께 가더니
거울만 돌아오고 사람은 돌아오지 않누나.
다시 항아리의 그림자는 없이
헛되이 밝은 달빛만 멈추누나.

심부름 갔던 사나이가 가지고 돌아온 거울을 본 서덕언의 아내는 그 뒤로 침식을 폐하고 울기만 할 뿐이었다. 이 사실을 알게 된 양소는 두 사람의 굳은 사랑에 감동되어 즉시 서덕언을 불러 그녀와 함께 고향으로 돌아가게 해 주었다고 한다.

破 깨뜨릴 파

• 破産(파산) : 재산을 모두 잃어버려 없어짐.

鏡 거울 경

• 水鏡(수경) : 물 속에서 쓰는 안경.

破瓜之年

파 과 지 년

여자 나이 16세를 말하고, 또 남자 나이 64세를
가리키기도 한다.

출전 : 손작(孫綽)

벽 옥 파 과 시

碧玉破瓜時

푸른 구슬 참외를 깰 때에

낭 위 정 전 도

郎爲情顚倒

님은 사랑을 못 견디어 넘어져 뒹굴었네

감 군 불 수 적
感君不羞赤

님에게 감격하여 부끄러워 붉히지도 않고

회 신 취 랑 포
廻身就郎抱

몸을 돌려 님의 품에 안겼네

이 시에 나오는 파과시(破瓜時)는 처녀를 바치던 때라고 풀이할 수 있다. 또 과(瓜)란 글자를 풀어보면 팔(八)이 둘이 된다. 여덟이 둘이 되므로 파과지년은 여자 나이 열여섯을 말하는 것이다.

또한 남자의 나이 예순넷을 가리켜 파과라고 말하는데 그것은 여덟을 서로 곱하면 예순넷이 되는 까닭이다.

瓜 오이 과

• 瓜年(과년) : 여자가 혼기에 이른 나이.

年 해 년

• 年輩(연배) : 서로 비슷한 나이.

破竹之勢
파 죽 지 세

대나무를 쪼개는 듯한 힘찬 형세라는 뜻으로, 무
서운 힘을 가지고 거침없이 밀고 들어가는 기세
를 일컫는 말이다.

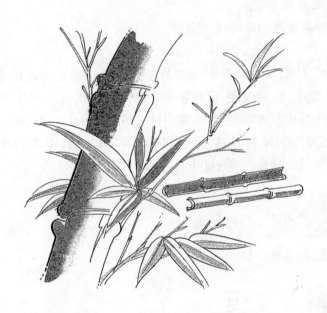

출전 : 진서(晉書)

삼국시대는 진(晉)나라의 건국으로 막을 내렸지만 삼국 중 하나인
오(吳)나라는 15년 동안이나 그 명맥을 유지하였다.

그 오나라를 징벌하기 위하여 두예(杜豫)는 20만 대군으로 형주
(荊州)를 점령하고 작전 회의를 하였다. 이때 한 참모가 의견을 말

하였다.

"지금은 봄철이라 비가 작고 전염병까지 발생하기 쉬우니 전투를 중지하고 겨울이 올 때까지 기다리는 것이 어떻겠습니까?"

그러나 두예는 단호히 말하였다.

"지금 우리 군사의 기세는 매우 높다. 이는 마치 대나무를 쪼개는 것과 같다. 몇 개의 마디라도 칼만 대면 그대로 쪼개지므로 다시 손댈 것도 없다."

그리고는 곧장 오나라의 수도로 진격을 명령하였다. 과연 진나라 군대가 이르는 곳마다 오나라 군대는 제대로 싸워볼 생각도 하지 않고 항복하였다. 이리하여 진의 통일은 완성되었다.

破 깨뜨릴 파

・**破婚(파혼)** : 혼약을 깨뜨림.

勢 기세 세

・**去勢(거세)** : ① 세력이 제거됨. ② 생식 기능을 없애버림.

平地風波

평 지 풍 파

고요한 땅에 바람과 물결을 일으킨다는 뜻으로,
쓸데없는 일을 만들어서 시끄럽게 만드는 경우를
가리키는 말이다.

출전 : 죽지사(竹枝詞)

장 한 인 심 불 여 수
長恨人心不如水

못내 안타까워하노라 인심이 물만도 못하여

등 한 평 지 기 파 란
等閑平地起波瀾
생각이 부족하여 평지에 풍파를 일으키는 것은

촉(蜀)으로 가는 도중에 파동(巴東)이라 일컬어지는 험난한 곳이 있어서 나그네는 여기는 배로 거슬러 올라가야 한다. 그 처절한 물소리는 간담을 서늘케 한다. 그러나 이 물보다 더 무서운 것은 사람들의 마음이어서 공연히 평지에 풍파를 일으켜 세상을 시끄럽게 만들고 있다는 것이다.

平 평평할 **평**

• 平凡(**평범**) : 뛰어난 점이 없음. 보통.

波 물결 **파**

• 秋波(**추파**) : 은근한 정을 나타내는 눈치. 윙크.

炮烙之刑
포 락 지 형

기름을 칠한 구리 기둥을 숯불 위에 걸쳐 놓고
죄인을 건너게 하여 미끄러져 떨어지면 숯불에
타 죽게 되는 형벌로, 잔인한 형벌을 말한다.

출전 : 사기(史記)

은(殷)나라 주왕(紂王)은 자기에게 반기를 드는 사람들에게 형벌
을 가중시키기 위해 새로운 포락지형(炮烙之刑)을 제정했다. 뜰에서
구리 기둥을 숯불 위에 걸쳐 놓고, 비방자들이 그 앞으로 끌려나와
기둥을 건너가라는 명령을 받는데, 이 기둥에는 기름이 칠해져 있

어 미끄러워서 도저히 건너갈 수가 없었다. 기둥에서 미끄러지면
아래에 놓인 숯불로 떨어져 타죽었다.

　주왕과 애첩인 달기는 이 광경을 보고 박수를 치며 좋아했다고
한다.

炮　구울　　포

• 炮煮(포자) : 굽는 것과 삶는 것.

烙　지질　　락

• 烙印(낙인) : 불에 달구어 찍는 쇠 도장.

蒲柳之質

포 류 지 질

갯버들과 같은 성질이라는 뜻으로, 갯버들처럼
연약한 체질을 일컫는 말이다.

출전 : 세설신어(世說新語)

동진(東晋)의 고열지는 간문제(簡文帝)와 동갑이었으나 머리가 하
얗게 세었으므로 간문제가 물었다.

"경(卿)의 머리는 왜 그렇게 하얗게 세었소?"

"포류(蒲柳)의 모습을 한 자는 가을을 앞에 두고 잎이 떨어지오
나, 송백지질은 서리를 겪고도 더욱 잎이 무성한 법입니다."

포 류 지 자　　망 추 이 락　　송 백 지 질　　경 상 미 무
蒲柳之姿　望秋而落　松栢之質　經霜彌茂

'저는 몸이 허약해서 폐하의 건강하심을 따를 수 없습니다'

세 한 연 후　　지 송 백 지 후 조 야
歲寒然後　知松栢之後彫也

라는 뜻의 말로《논어》자한편(子罕篇)의 이 말을 인용하여 황제의
건강한 모습에 비유하고, 자기는 갯버들과도 같기에 먼저 진다고
하였으니 군신의 예절까지 갖춘 멋진 비유임에 틀림없다.
　날씨가 추워진 다음에야 비로소 송백(松栢)이 다른 잎과는 달리
시들지 않는다.

蒲　창포　　**포**
・菖蒲(**창포**) : 창포과의 다년생 풀.

柳　버들　　**류**
・楊柳(**양류**) : 버들.

暴虎馮河

포 호 빙 하

맨주먹으로 범을 잡고 걸어서 강을 건넌다는 뜻
으로, 아무런 계획이나 준비도 없이 쓸데없는 용
기를 함부로 내는 것을 말한다.

출전 : 시경(詩經)

다음은 악정을 개탄해서 지은 시이다.

불 감 포 호
不敢暴虎

맨손으로는 호랑이를 잡을 수 없고

_{불 감 빙 하}
不敢憑河

걸어서는 황하를 건널 수 없네.

_{인 지 기 일}
人知其一

사람은 그 하나만을 알고

_{막 지 기 타}
莫知其他

그밖의 것은 알지 못한다.

　모든 일은 용기만으로 되는 것이 아니고, 용기를 내기 전에 신중한 대책이 앞서야 한다는 것이다.

　공자가 자로에게 이러한 말로 타일렀건만, 자로는 결국 '포호빙하'하는 성질을 이기지 못하여 뒷날 난(亂)에 휩쓸리어 목숨을 잃게 되었다.

暴 사나울 포

· 暴惡(포악) : 성질이 사납고 모짊.

憑 건널 빙

· 憑河(빙하) : 황하를 걸어서 건넘.

豹死留皮 人死留名
표 사 유 피   인 사 유 명

표범은 죽어서 가죽을 남기고 사람은 죽어서 이
름을 남긴다는 뜻이다.

출전 : 오대사(五代史)

양(梁)의 용감한 장수로 왕언장(王彦章)이라는 사람이 있었다. 왕
언장은 전투에서 상처를 입고 포로가 되었다. 적군이 그를 설득하
여 귀순하기를 권했으나 완강히 거절하며 말했다.

"표범은 죽어서 가죽을 남기고 사람은 죽어서 이름을 남긴다."

왕언장은 글을 배우지 못하여 책을 읽지 못했다. 그래서 그는 언

제나 속담을 인용해서 말했었다. 결국 그가 61세로 죽자 양나라는
곧 멸망하고 말았다.

豹 표범 표

· 豹皮(**표피**) : 표범의 털가죽.

留 머무를 류

· 保留(**보류**) : 미루어 둠.

皮 가죽 피

· 皮膚(**피부**) : 동물의 몸의 겉을 싼 외피.

匹夫之勇
필 부 지 용

소인, 즉 소견이 좁고 수양이 없는 사람이 혈기
만 믿고 마구 날뛰는 헛된 용기를 말한다.

출전 : 맹자(孟子)

전국시대 맹자가 양혜왕(梁惠王)에게 말했다.

"왕께서는 소용(小勇)을 좋아해서는 안 됩니다. 검을 어루만지면
서 눈을 부릅뜨고 네 놈 같은 것은 내 적이 될 수 없다고 하는 것
등은 필부의 용맹으로, 기껏해야 한 사람을 상대하는 것밖에 안 됩
니다. 부디 좀 더 커다란 용기를 갖도록 하십시오."

왕청무　호소용　부무검질시왈　피오감당아재
王請無　好小勇　夫撫劍疾視曰　彼惡敢當我哉

차필부지용　적일인자야　왕청대지
此匹夫之勇　敵一人者也　王請大之

즉, 작은 일에 흥분하고 사소한 일에 대성질타하는 것은 필부의
용맹이다.

匹 짝　필

• 配匹**(배필)** : 부부로서의 알맞은 짝.

勇 날랠　용

• 勇敢**(용감)** : 씩씩하고 기운참.

邯鄲之夢

한 단 지 몽

한단(邯鄲)이라는 곳에서 꾼 꿈이라는 뜻으로,
인생의 덧없음을 비유하는 말이다.

출전 : 심기제(沈旣濟)

당나라 때 노생(盧生)이 길을 가다가 졸음이 와서 여옹(呂翁)이라
는 도사로부터 베개를 빌려서 잤는데, 진사 시험에 합격하여 높은
벼슬자리에 올랐다. 그리고 부잣집 딸과 결혼도 하고 호화스러운
생활을 했다.

그러나 얼마 못 가 그는 터무니없는 모함으로 포박을 당했다.

노생은 칼을 들어 자결하려고 했으나 아내가 말리는 바람에 뜻을 이루지 못하고 먼 곳으로 귀양을 가게 되었다.

만년에 그는 건강이 쇠약해져 마침내 죽고 말았다.

이윽고 노생은 크게 하품을 하며 잠에서 깨어났다. 지금까지의 모든 것은 한낱 헛된 꿈이었다.

여옹은 그에게 웃음을 보이며 말했다.

"인생이란 그런 거라네."

邯 땅이름 **한**

• 邯鄲之夢 **(한단지몽)** : 부귀란 헛되고 덧없다.

夢 꿈 **몽**

• 夢想 **(몽상)** : 실현성이 없는 헛된 생각.

偕老同穴

해 로 동 혈

살아서는 같이 늙고 죽어서는 한 무덤에 묻힌다
는 뜻으로, 생사를 같이하는 부부의 사랑의 맹세
를 가리키는 말이다.

출전 : 시경(詩經)

'맹'이란 시는 여인이 행상을 온 남자를 따라가 그의 아내가 되
었으나 고생고생 끝에 결국은 버림받은 것을 한탄한 시이다.

급 이 해 로

及爾偕老

그대와 함께 늙자 했더니

노 사 아 원
老使我怨

늙어서는 나를 원망하게 만드누나

왕풍의 '대거'라는 시는 이루기 어려운 사랑 속에서 여자가 진실한 사랑을 맹세하는 노래로 보아도 좋은 시이다.

곡 즉 이 실
穀則異室

살아서는 방을 달리해도

사 즉 동 혈
死則同穴

죽으면 무덤을 같이하리라.

 늙을　로

• 老鍊(노련) : 오랜 경험을 쌓아 능란함.

穴　구멍　혈

• 洞穴(동혈) : 깊고 넓은 굴의 구멍. 洞窟(동굴)

螢雪之功

형 설 지 공

밤에 반딧불과 눈 빛으로 책을 읽었다는 뜻에서, 어려운 여건을 극복하고 꾸준히 공부를 하여 얻은 보람과 성과를 말한다.

출전 : 몽구(蒙求)

진(晋)나라의 차윤(車胤)은 집이 가난하여 밤에 책을 읽으려 해도 등잔을 켤 기름을 구할 수가 없었다. 여름에는 비단 주머니에 반딧불 수십 마리를 잡아넣어 그 불빛으로 밤을 새워 책을 읽었다. 그 후 그는 관직이 상서랑(尙書郞)에까지 이르렀다.

또 손강(孫康)도 집안이 가난해서 기름을 사지 못하자, 흰 눈(雪)에 책을 비추어 공부를 했다. 그는 관직이 어사대부(御史大夫)에까지 이르렀다.

이토록 어렵게 고생하여 성공하는 것을 형설지공이라 한다.

螢 개똥벌레 **형**

· 螢光燈(**형광등**) : 전등의 일종.

功 공 공

· 功過(**공과**) : 공로와 과오.

狐假虎威
호 가 호 위

여우가 호랑이의 위엄을 빌어 제 위엄으로 삼았
다는 뜻으로, 자신은 아무런 힘도 없으면서 남의
권세를 믿고 위세 부리는 사람을 비유한다.

출전 : 전국책(戰國策)

초(楚)나라에는 소해휼(昭奚恤)이라는 사람이 실권을 잡고 있었는
데, 하루는 초나라 선왕(宣王)이 신하들에게 물었다.

"초나라 북방의 모든 나라들이 소해휼을 두려워한다는데 그 까닭
은 무엇인가?"

강을(江乙)이라는 신하가 대답하였다.

"호랑이가 하루는 여우를 잡게 되었습니다. 그런데 여우가 호랑이를 보고 이렇게 이야기했습니다. '그대는 감히 나를 잡아먹지 못하리라. 천제(天帝)께서 나를 백수의 왕으로 삼았기 때문이다. 만약 그대가 나의 말을 믿지 못하겠다면 그대는 내 뒤를 따라오면서 짐승들이 나를 보고 달아나는지 그렇지 않은지를 보라' 하였습니다. 그러자 호랑이는 여우의 말을 그럴 듯하게 여기고는 여우의 뒤를 쫓아갔는데, 과연 짐승들은 그들을 보자 모두 달아났습니다. 그러나 호랑이는 짐승들이 자신을 보고 달아나는 것인 줄을 알지 못하였습니다. 그러므로 북방의 국가들이 소해휼을 두려워함은 사실은 임금님의 막강한 군대를 두려워하는 것입니다."

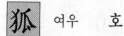 여우 호

· 狐狸(호리) : 여우와 살쾡이.

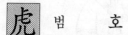 범 호

· 虎穴(호혈) : 범이 사는 굴.

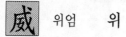 위엄 위

· 威脅(위협) : 으르고 협박함.

浩然之氣

호 연 지 기

천지간에 가득 찬 크고 넓은 정기(正氣). 곧, 떳떳하고도 유연한 기운, 즉 사나이다운 기질을 말한다.

출전 : 맹자(孟子)

맹자의 제자인 공손추는 맹자에게 무엇을 호연지기라고 하는지 물었다. 맹자가 대답하였다.

"호연지기의 기운은 지극히 크고 지극히 강하니 하늘과 땅 사이에 가득 차는 것이다. 행동이 의에 부합되지 않고 마음을 만족시켜

주지 못하면 호연지기는 주리게 된다.”

浩 넓을　호

• **浩蕩(호탕)** : 마음이 자유스런 모양.

氣 기운　기

• **氣色(기색)** : 얼굴에 나타난 감정의 변화.

紅一點

홍 일 점

푸른 잎 가운데 한 송이의 붉은 꽃이라는 뜻으
로, 남자들 사이에 있는 단 한 사람의 여성을 말
한다.

출전 : 왕안석(王安石)의 석류시(石榴詩)

송(宋)시대의 유명한 문학자 왕안석(王安石)의 석류시(石榴詩)에
다음과 같은 구절이 있다.

만 록 총 중 홍 일 점

萬綠叢中紅一點

모두가 푸른빛 일색인 가운데 단 하나의 붉은 빛

동 인 춘 색 불 수 다
動人春色不須多

사람들의 마음에 봄의 정취를 일으키는 데는 꼭 그것이 많을 필요는 없으리

녹색 가득한 속에 홀로 붉게 핀 한 송이 석류꽃의 아름다움이 춘색(春色) 제일이라고 칭찬하고 있다.

紅 붉을 홍

• 紅顔(홍안) : 젊고 혈색 좋은 불그레한 얼굴.

點 점 점

• 點呼(점호) : 한 사람 한 사람 이름을 불러서 인원을 조사함.

和光同塵
화 광 동 진

빛을 부드럽게 하여 더러움과 함께 한다는 뜻으로, 즉 자신의 지혜를 드러내지 않으며 여러 사람들과 어울려 참된 자신을 보여 준다는 말이다.

출전 : 노자(老子)

"그 날카로움을 꺾고 그 얽힘을 풀고 그 빛을 부드럽게 하고 그 더러움을 함께 한다."

좌기예　해기분　화기광　동기진

挫其銳　解其紛　和其光　同其塵

"아는 자는 말하지 않고, 말하는 자는 알지 못한다. 그 통하는 구멍을 막고 그 문을 닫고 그 날카로움을 함께 한다."

지 자 불 언　　언 자 부 지　　새 기 태　　폐 기 문
知者不言　言者不知　塞其兌　閉其門

좌 기 예　　해 기 분　　화 기 광　　동 기 진
挫其銳　解其紛　和其光　同其塵

진실한 지자가 되려면 욕망을 버리고 자아를 버리고 지혜나 덕의 빛을 자랑 말고 그 빛을 부드럽게 하여 감추고 세상 사람들과 함께 섞일 것을 강조하는 말이다.

和 화할　화

• 和暢(화창) : 날씨나 마음씨가 부드럽고 맑음.

塵 티끌　진

• 塵埃(진애) : 티끌과 먼지.

畫龍點睛

화 룡 점 정

용을 그릴 때 마지막으로 눈을 그려 완성시킨다
는 뜻으로, 가장 중요한 부분을 완성시켜 일을
끝낸다는 말이다.

출전 : 수형기(水衡記)

양(梁)나라 때 유명한 화가가 있었다.

그가 벽에 울창한 숲을 그려놓자, 다음날 수많은 새들이 벽 밑에
떨어져 죽어 있었다. 새들이 그 그림을 진짜 숲으로 알고 날아와
벽에 부딪쳐 죽은 것이다.

그는 또 수도인 금릉(金陵) 안락사(安樂寺)의 벽에 네 마리 용을 그렸는데 눈동자를 그리지 않았다.

사람들이 그 까닭을 묻자 그는 눈동자를 그리면 날아가 버리기 때문이라고 했다.

그는 한 마리에 눈동자를 그려넣었다. 그러자 갑자기 천둥이 울리고 번개가 치더니, 그 용이 벽을 차고 뛰어나가 하늘로 올라가 버리고 말았다.

그러나 눈동자를 그리지 않은 용은 그대로 남아 있었다.

畫 그림 화
- **畫壇**(화단) : 화가들의 사회.

睛 눈동자 정
- **眼睛**(안정) : 눈동자.

華胥之夢

화 서 지 몽

꿈에 화서국(華胥國)에서 놀았다는 뜻으로, 무심
코 꾼 꿈에서 큰 뜻을 깨달았다는 고사인데 길몽
(吉夢)을 일컫는다.

출전 : 열자(列子)

황제(黃帝 : 중국의 전설상의 제왕)는 즉위한 지 15년이 지난 뒤에
천하 백성들이 다 자기에게 복종하는 것을 보고 만족해했다.

황제는 어느 날 낮잠을 자다가 화서국에서 노니는 꿈을 꾸었다.

그 나라에는 군주라는 지배자도 없고 백성들도 욕심이 없어서 자

연 그대로 살아가고 있었다. 사랑하고 미워하는 것도 겁내거나 싫
어하는 일도 없고, 물건의 미추(美醜)도 그 마음을 동요시키지 않고,
험준한 산곡(山谷)도 그 보행을 어렵게 하지 않아 형체를 초월한 정
신적 자유에 충만되어 있었다.

　잠시 후 꿈에서 깨어난 황제는 깨닫는 바가 있었다. 그래서 세
사람의 신하를 곁으로 불러 꿈 이야기를 하고 이렇게 말했다.

　"피곤해서 잠이 들었을 때 꾼 꿈 속에서 나는 비로소 도(道)란 것
을 터득한 듯하구려."

　그후 무심결에 도의 극치를 터득한 황제는 천하를 잘 다스렸다고
한다.

華 빛날　**화**

• 華僑(화교) : 외국에서 사는 중국 사람.

胥 서로　**서**

• 胥吏(서리) : 얕은 벼슬아치. 하급 관리.

夢 꿈　**몽**

• 夢幻(몽환) : 꿈과 환상. 허황한 생각.

大志

李相麒

부록 • 그림과 글로 이해하는 고사성어

자주 사용되는 고사성어
잡지에 자주 사용되는 한자
나이와 관계 있는 한자어

자주 사용되는 고사성어

● 그림과 글로 이해하는 고사성어

율곡사업
복지부동
토사구팽
신토불이

栗谷事業(율곡사업)

율곡(栗谷)이란 이름은 조선조 10만 양병설을 주장한 이이(李珥)의 호에서 따온 것인데, 군무기·장비 현대화 사업을 말하는 암호로 통칭되는 전력 증강사업이다.

노태우(盧泰愚) 전 대통령이 파문(波紋)을 던진 사건으로 율곡사업이 더더욱 유명해진 말이 되었다. 로비설 등 의혹을 받고 있는 차세대 전투기 사업, 해군의 구축함, 잠수함 등도 율곡사업의 일환이다.

伏地不動(복지부동)

공무원 사회에서 유행한 말로 땅에 배를 대고 움직이지 않는 것, 다시 말해서 엎드려 눈알만 굴리면서 윗사람 눈치만 살핀다는 뜻이다. 그 자리에 무사히 오래 있으려면 능동적으로 활동하지 않고 가만히 있는 것이 상책이라는 사고가 만연되고 있다.

免死狗烹(토사구팽)

이 말은 국회부회장 모 씨가 모 정당에게 쫓겨나자 이 고사성어를 말했는데, 각 신문에서 이것을 보도해 더욱 유명해진 어구이다.

교활한 토끼를 사냥하고 나면 사냥개는 쓸모가 없어져 삶아져 잡아 먹힌다는 말이다.

쓸모가 있을 때는 대우가 좋으나 필요가 없어지면 버림을 받으니 조심하라는 말이다.

身土不二(신토불이)

글자 그대로 몸과 흙은 둘이 아니다. 즉 사람은 태어나 흙에서 살다가 흙으로 돌아가므로 사람과 흙은 결코 둘이 아닌 하나라는 생각에서 고전에서 따온 말이다.

최근 농산물 수입개방에 맞서 우리 농산물을 애용하고 보존하는 운동이 전개되고 있는 이 시기에 나온 표어이다. 이웃나라 일본에서는 우리들보다 앞서 이 말을 사용했었다.

잡지에 자주 사용되는 한자

● 그림과 글로 이해하는 고사성어

신동아편
중앙편
월간조선편

◆ 新東亞편 ─────

1. **監視**(감시) : 경계하며 지켜봄.

2. **減刑**(감형) : 형벌을 가볍게 함.

3. **改閣**(개각) : 내각을 개편함.

4. **改憲**(개헌) : 헌법의 내용을 고침.

5. **拒否**(거부) : 동의하지 않고 물리침.

6. **檢事**(검사) : 검사권을 행사하는 사람.

7. **決裂**(결렬) : 회담에서 의견이 맞지 않아 각각 헤어져 떨어짐.

8. **高位層**(고위층) : 높은 지위에 있는 사람.

9. **困辱**(곤욕) : 심한 모욕.

10. **攻防**(공방) : 공격과 방어.

11. **空襲**(공습) : 군용 비행기로 공중에서 공격하는 일.

12. **公約**(공약) : 사회나 대중에 대한 언약.

13. **共助**(공조) : 공동으로 도움.

14. **公判**(공판) : 범죄의 유무에 관하여 심판하는 절차.

15. **誇張**(과장) : 실지보다 지나치게 나타냄.

16. **官邸**(관저) : 장관급 이상의 고관의 관사.

17. 膠着(교착) : 단단히 달라붙음.

18. 求刑(구형) : 피고인에게 어떤 형을 과하도록 검사가 판사에게 요구함.

19. 國策(국책) : 나라의 정책이나 시책.

20. 權力(권력) : 남을 지배하여 강제로 복종시키는 힘.

21. 糾彈(규탄) : 공적인 처지에서 죄상을 엄하게 따지고 나무람.

22. 寄附(기부) : 어떤 일을 도울 목적으로 재물을 내어놓음.

23. 難民(난민) : 전쟁이나 재난을 피하여 떠돌아다니는 피난민.

24. 冷戰(냉전) : 서로 적대시하고 있는 국가간의 대립 관계.

25. 論爭(논쟁) : 서로 다른 의견을 가진 사람이 각각 자기의 설을 주장하여 다툼.

26. 籠城(농성) : 어떤 목적으로 집안에 틀어박혀 지내면서 나타나지 않음.

27. 黨籍(당적) : 당원으로 등록되어 있는 적(籍).

28. 對決(대결) : 양자가 맞서서 이기고 짐.

29. 對策(대책) : 어떤 일에 대응하는 방책.

30. 對峙(대치) : 마주 대하여 놓음.

31. 逃避(도피) : 도망하여 피함.

32. 凍結(동결) : 자산이나 자금 등의 이동. 또는 사용을 일시 금지함.

33. 得票(득표) : 투표에서 찬성의 표를 얻음. 또는 그 얻은 표수.

34. 摩擦(마찰) : 둘 사이에 뜻이 맞지 않아 사이가 나빠지거나 충돌하거나 하는 일.

35. 滿期(만기) : 정해진 기간이 참.

36. 明示(명시) : 분명하게 밝힘.

37. 無效(무효) : 효과나 효력이 없음.

38. 問責(문책) : 일의 책임을 물어 꾸짖음.

39. 放置(방치) : 그대로 버려둠.

40. 法廷(법정) : 법관이 재판하는 장소.

41. 保障(보장) : 잘못되는 일이 없도록 보증함.

42. 輔佐(보좌) : 윗사람 곁에서 사무를 도움.

43. 復權(복권) : 유죄나 파산 선고로 잃어버렸던 권리나 자격을 되찾음.

44. 紛爭(분쟁) : 어떤 말썽 때문에 서로 시끄럽게 다투는 일.

45. 非理(비리) : 도리에 어그러지는 일.

46. 誹謗(비방) : 남을 나쁘게 말함.

47. 批准(비준) : 조약의 체결에 대하여 국가가 최종적으로 확인하고 동의함.

48. 司正(사정) : 공직에 있는 사람의 규율과 질서를 바로잡는 일.

49. 事態(사태) : 일의 되어 가는 형편.

50. 釋放(석방) : 잡혀 있는 사람을 용서하여 놓아줌.

51. 選擧(선거) : 투표 등의 방법으로 뽑음.

52. 舌戰(설전) : 말다툼.

53. 訴訟(소송) : 법원에 재판을 청구하는 일.

54. 修交(수교) : 나라와 나라 사이에 교제를 함.

55. 熟考(숙고) : 깊이 생각함. 잘 생각함.

56. 殉國(순국) : 나라를 위해 목숨을 바침.

57. 承認(승인) : 정당하거나 사실임을 인정함.

58. 示威(시위) : 위력이나 기세를 드러내어 보임.

59. 施策(시책) : 어떤 계획을 실행에 옮김.

60. 時效(시효) : 어떤 효력이 지속되는 일정한 기간.

61. 審議(심의) : 제출된 안건을 상세히 검토하고 그 가부를 논의함.

62. 壓力(압력) : 어떤 물체가 다른 물체를 누르는 힘.

63. 言及(언급) : 말이 어떤 문제에 미침.

64. 與黨(여당) : 정권을 담당하고 있는 정당.

65. 輿論(여론) : 사회 대중의 공통된 의견.

66. 領袖(영수) : 어떤 단체의 대표가 되는 사람.

67. 汚辱(오욕) : 남의 명예를 더럽히고 욕되게 함.

68. 緩和(완화) : 어떤 일을 풀어서 느슨하게 하거나 편하게 함.

69. 外遊(외유) : 외국에 여행함.

70. 危機(위기) : 위험한 때와 고비.

71. 僞裝(위장) : 사실과 다르게 거짓 꾸밈.

72. 僞證(위증) : 거짓 증거.

73. 違憲(위헌) : 헌법 규정을 어김.

74. 遊說(유세) : 각처로 돌아다니며 정당의 주장을 선전함.

75. 猶豫(유예) : 시일을 늦춤.

76. 立件(입건) : 범죄 사실을 인정하여 사건을 성립시킴.

77. 裁判(재판) : 법원이나 법관이 내리는 공권적 판단.

78. 沮止(저지) : 막아서 못 하게 함.

79. 全貌(전모) : 전체의 모습.

80. 折衷(절충) : 한쪽에 치우치지 않고 양쪽의 좋은 점을 골라 뽑아 알맞게 조화시킴.

81. 政經(정경) : 정치와 경제.

82. 頂上(정상) : ① 산꼭대기. ② 우두머리.

83. 淨化(정화) : 불순한 것을 없애고 깨끗이 함.

84. 制裁(제재) : 어떤 행위에 대한 대응으로써 불이익을 줌.

85. 駐屯(주둔) : 군대가 어떤 곳에 머무름.

86. 重傷(중상) : 몹시 다침.

87. 指名(지명) : 여러 사람 가운데 이름을 따서 가리킴.

88. 支援(지원) : 뒷받침하거나 편들어서 도움.

89. 眞意(진의) : 참된 의미. 참된 의의.

90. 執權(집권) : 정권을 잡음.

91. 執行(집행) : 법률·재판·처분 등의 내용을 실행함.

92. 贊反(찬반) : 찬성과 반대.

93. 慘狀(참상) : 끔찍한 모양이나 상태.

94. 聽衆(청중) : 강연이나 설교 등을 들으려고 모인 사람들.

95. 催淚彈(최루탄) : 최루가스를 넣은 탄환.

96. 出捐(출연) : 금품을 내어 원조함.

97. 取材(취재) : 기사 등의 재료를 찾아서 얻음. 또는 그 일.

98. 侵略(침략) : 남의 나라를 침범하여 영토를 빼앗음.

99. 討論(토론) : 여러 사람이 의견을 말하고 옳고 그름을 따져 논의함.

100. 統帥權(통수권) : 한 나라의 군대를 지휘·통솔하는 권력.

101. 特使(특사) : 특별한 의무를 띠고 파견하는 외교 사절.

102. 派兵(파병) : 군대를 파견함.

103. 跛行(파행) : ① 절뚝거리며 걸음. ② 균형이 잘 잡히지 않은 상태로 나아감.

104. 敗北(패배) : 전쟁에 져서 달아남.

105. 閉鎖(폐쇄) : 출입을 못 하도록 입구를 막음.

106. 廢止(폐지) : 실시하던 일이나 제도를 그만두거나 없앰.

107. 捕虜(포로) : 전투에서 적에게 사로잡힌 병사.

108. 被爆(피폭) : 폭격을 받음.

109. 下馬評(하마평) : 관리의 이동·임명 등에 관한 세간의 풍설.

110. 合意(합의) : 뜻이 맞음.

111. 抗爭(항쟁) : 맞서 다투는 일.

112. 海域(해역) : 바다 위의 일정한 구역.

113. 呼訴(호소) : 억울하거나 원통한 사정을 남에게 하소연함.

114. 華僑(화교) : 해외에 정주하는 중국인.

115. **和解**(화해) : 다툼을 그치고 풂.

116. **擴張**(확장) : 범위나 세력 등을 늘려서 넓힘.

117. **後繼者**(후계자) : 뒤를 잇는 사람.

118. **後遺症**(후유증) : 어떤 일(병)을 치르고 난 뒤에 생기는 여러 가지 부작용.

119. **休戰**(휴전) : 하던 전쟁을 얼마 동안 쉼.

◆ 中央편 ────────

1. 稼動(가동) : 기계가 움직여 일함.

2. 減員(감원) : 인원을 줄임.

3. 開放(개방) : 비밀 따위를 숨김없이 터서 공개함.

4. 開業(개업) : 영업을 처음 시작함.

5. 建築(건축) : 건물을 만드는 일.

6. 競爭(경쟁) : 일의 결과가 잘 맺어짐. 열매가 맺음.

7. 計座(계좌) : 예금 계좌(預金計座)의 준말.

8. 公債(공채) : 국가가 재정 자금을 마련하기 위해 임시로 지
는 부채.

9. 過剩(과잉) : 필요 이상으로 많음.

10. 購入(구입) : 돈을 주고 사들임.

11. 急落(급락) : 갑자기 떨어짐.

12. 落札(낙찰) : 경쟁 입찰에서 목적물이 자기 손에 들어옴.

13. 內需(내수) : 국내의 수요. ↔ 外需(외수)

14. 能率(능률) : 일정한 시간에 해낼 수 있는 일의 분량.

15. 當座(당좌) : 당좌예금의 준말. 청구에 따라 언제든지 그 예

금액을 지급하는 예금.

16. 貸付(대부) : 이자나 기한을 정하여 돈을 꾸어줌.

17. 都賣(도매) : 낱개로 팔지 않고 도거리로 파는 일.

18. 倒産(도산) : 가산을 다 써 없앰.

19. 免稅(면세) : 세금을 면제함.

20. 搬出(반출) : 운반하여 냄.

21. 賠償(배상) : 남에게 입힌 손해를 물어줌.

22. 補償(보상) : 남에게 끼친 재산상의 손해를 금전으로 갚음.

23. 不渡(부도) : 수표나 어음의 발행 액수보다 예금 액수가 부
족하여 그 지급을 받지 못하게 되는 일.

24. 富裕(부유) : 재물이 많아 생활이 넉넉함.

25. 負債(부채) : 남에게 빚을 짐. 또는 그 빚.

26. 不況(불황) : 경기가 좋지 못한 일.

27. 斜陽(사양) : 서쪽으로 기울어진 해. 신세가 몰락해 가는
것.

28. 削減(삭감) : 깎아서 줄임.

29. 産災(산재) : 노동 과정에서 일어나는 근로자의 신체적 장
애.

30. 消費(소비) : 돈이나 물건·시간·노력 등을 써 없앰.

31. 需要(수요) : 필요한 상품을 얻고자 하는 일.

32. 輸入(수입) : 외국에서 물품 등을 사들임. ↔ 輸出(수출)

33. 受注(수주) : 주문을 받음.

34. 信託(신탁) : 신용하여 맡김.

35. **與信**(여신) : 금융기관에서 고객에게 돈을 빌려주는 일.

36. **延滯**(연체) : 기한이 지나도록 지체함.

37. **零細**(영세) : 규모가 아주 적거나 빈약함.

38. **外貨**(외화) : 수출이나 관광객 유치로 외국의 돈을 벌어들이는 일.

39. **原油**(원유) : 땅 속에서 나는 그대로의 석유.

40. **僞造**(위조) : 물건이나 문서 등을 가짜로 만듦.

41. **融資**(융자) : 자금을 융통함. 또는 융통한 자금.

42. **自救策**(자구책) : 스스로 자기를 구하기 위한 방책.

43. **在庫**(재고) : 창고에 있는 물건.

44. **財閥**(재벌) : 재계에서 큰 세력을 가진 독점적 자본가의 무리. 또는 친척으로 구성된 자본가의 집단.

45. **災害**(재해) : 재앙으로 말미암은 피해.

46. **抵當**(저당) : 일정한 동산이나 부동산 등을 채무의 담보로 삼음.

47. **株價**(주가) : 주식의 값.

48. **仲裁**(중재) : 서로 다투는 사이에 들어 화해를 붙임.

49. **持分**(지분) : 공유 재산에서 각자가 가지는 몫.

50. **借款**(차관) : 국제간에 일정한 협정에 따라 자금을 빌려주고 빌려씀.

51. **處分**(처분) : 명령을 받거나 내려 일을 처리함.

52. **尖端**(첨단) : 시대의 흐름·유행 등의 맨 앞장.

53. **追加**(추가) : 나중에 더하여 보탬.

54. **沈滯**(침체) : 일이 나아가지 못하고 그 자리에 머묾.

55. **特採**(특채) : 특별히 채용함.

56. **罷業**(파업) : 하던 일을 중지함.

57. **品切**(품절) : 물건이 다 팔리어 없음.

58. **割賦**(할부) : 여러 번으로 나누어 냄.

59. **好況**(호황) : 경기가 좋음.

60. **黑字**(흑자) : 수입이 지출보다 많아서 생기는 이익. ↔ 赤字
　　　　　　　(적자)

◆ 月刊朝鮮편 ─────────────

1. 家訓(가훈) : 집안 어른이 그 자녀에게 주는 교훈.

2. 覺醒(각성) : 잘못을 깨달아 정신을 차림.

3. 葛藤(갈등) : 서로 다른 두 가지 욕구가 충돌하는 상태.

4. 隔差(격차) : 수준이나 품질·수량 따위의 차이.

5. 結氷(결빙) : 물이 얼어서 얼음이 됨.

6. 故人(고인) : 죽은 사람.

7. 公募(공모) : 일반인에게 널리 공개하여 모집함.

8. 公害(공해) : 건강이나 생활 환경에 미치는 여러 가지 해.

9. 乖離(괴리) : 서로 어그러져 동떨어짐.

10. 交換(교환) : 서로 바꿈. 서로 주고받음.

11. 懦弱(나약) : 의지가 약함.

12. 懶怠(나태) : 게으르고 느림.

13. 內申(내신) : 남이 모르게 비밀히 상신하거나 보고함.

14. 團束(단속) : 법률·명령 등을 어기지 않게 통제함.

15. 大衆(대중) : 신분의 구별이 없이 한 사회의 대다수를 이루
　　　　　　　 는 사람.

16. 跳躍(도약) : 급격한 진보·발전의 단계로 접어듦.

17. 逃避(도피) : 여기저기로 도망쳐 다니는 일.

18. 謄本(등본) : 문서의 원본의 내용을 그대로 베껴서 쓴 서류.

19. 妄想(망상) : 있지도 않은 사실을 상상하여 마치 사실인 양 굳게 믿는 일.

20. 煤煙(매연) : 연료를 태웠을 때 생기는 그을음과 연기.

21. 明確(명확) : 분명하고 확실함.

22. 無益(무익) : 이로움이 없음. ↔ 有益(유익)

23. 未來(미래) : 아직 다가오지 않은 때. ↔ 過去(과거)

24. 反撥(반발) : 상대방에 대하여 반항하는 태도.

25. 放置(방치) : 그대로 내버려 둠.

26. 背後(배후) : 사건 등의 표면에 드러나지 않는 부분.

27. 犯法(범법) : 법에 어긋나는 일을 함.

28. 寶石(보석) : 색채와 광택이 아름다운 광물.

29. 紛糾(분규) : 의견이나 주장이 대립되어 일이 어지럽게 뒤얽히는 일.

30. 崩壞(붕괴) : 허물어져 무너짐.

31. 詐欺(사기) : 못된 목적으로 남을 속임.

32. 似而非(사이비) : 겉으로는 그것과 같아 보이나 실제로는 전혀 다른 것을 이르는 말.

33. 散策(산책) : 한가한 마음으로 이리저리 거닒.

34. 逝去(서거) : 죽음의 높임말.

35. 庶民(서민) : 일반 국민. 보통 사람.

36. 收監(수감) : 감방에 가둠.

37. 收斂(수렴) : 생각이나 주장 따위가 한군데로 모아짐.

38. 手配(수배) : 범인을 잡기 위하여 수사망을 폄.

39. 搜索(수색) : 사람의 신체나 가택 등을 뒤지는 강제 처분.

40. 蒐集(수집) : 어떤 물건이나 자료를 찾아서 모음.

41. 是非(시비) : 옳고 그름을 따짐.

42. 新世代(신세대) : 새로운 세대.

43. 惡臭(악취) : 불쾌한 냄새.

44. 役割(역할) : 맡아서 해야 할 일. 소임.

45. 傲氣(오기) : 남에게 지기 싫어하는 마음.

46. 汚染(오염) : 더러워짐.

47. 緩行(완행) : 느리게 감. ↔ 急行(급행)

48. 外泊(외박) : 자기 집이 아닌 곳에 나가서 잠.

49. 偶發(우발) : 우연히 일어남.

50. 誘致(유치) : 설비 등을 갖추어 두고 권하여 오게 함.

51. 輪禍(윤화) : 교통사고.

52. 隱退(은퇴) : 직장에서 물러나서 한가로이 삶.

53. 溺死(익사) : 물에 빠져 죽음.

54. 印鑑(인감) : 관공서의 인감부에 등록해 둔 특정한 도장.

55. 一掃(일소) : 남김없이 모조리 쓸어버림.

56. 障壁(장벽) : 가리어 막는 벽. 방해가 되는 사물.

57. 抵抗(저항) : 어떤 힘에 맞서서 버팀.

58. 全燒(전소) : 모조리 불탐.

59. 田園(전원) : 시골. 도시의 교외.

60. 切迫(절박) : 다급하여 여유가 없음.

61. 淨水(정수) : 깨끗한 물.

62. 弔問(조문) : 남의 죽음에 대하여 슬퍼하는 뜻을 드러내며
상주(喪主)를 위문함.

63. 族譜(족보) : 한 가문의 대대의 혈통 관계를 기록한 책.

64. 宗家(종가) : 한 문중에서 맏이로만 이어온 큰 집.

65. 酒酊(주정) : 술에 취하여 정신 없이 마구 하는 난잡한 말.

66. 駐車(주차) : 자동차를 세워 둠.

67. 指紋(지문) : 손가락 끝마디의 안쪽에 이루어진 살갗의 무늬.

68. 叱責(질책) : 꾸짖어 나무람.

69. 慘事(참사) : 끔찍한 사건.

70. 請求(청구) : 공식적으로 내놓거나 주기를 요구함.

71. 促進(촉진) : 재촉하여 빨리 진행하도록 함.

72. 追跡(추적) : 도망하는 자의 뒤를 밟아 쫓음.

73. 醉氣(취기) : 술에 취해 얼근해진 기운.

74. 親睦(친목) : 친하게 지내는 것.

75. 墮落(타락) : 품행이 바르지 못하여 나쁜 길로 빠짐.

76. 擇一(택일) : 여럿 중에서 하나만 고름.

77. 破壞(파괴) : 건물·기물·조직 따위를 부수거나 무너뜨림.

78. 波紋(파문) : 수면에 이는 물결의 무늬.

79. **悖倫兒**(패륜아) : 사람으로서 마땅히 지켜야 할 도리에 어긋
      난 짓을 하는 사람.

80. **廢水**(폐수) : 사용하고 내버린 물.

81. **韓醫**(한의) : 한의사의 준말.

82. **寒波**(한파) : 겨울철에 기온이 급격히 떨어지는 현상.

83. **合宿**(합숙) : 여러 사람이 한 곳에 묵음.

84. **行悖**(행패) : 체면에 벗어나는 거친 언행.

85. **協商**(협상) : 두 나라 이상이 우호 관계를 수립하기 위한 외
      교적 방법이나 회담.

86. **協助**(협조) : 힘을 모이 서로 도움.

87. **酷評**(혹평) : 가혹하게 비평함. 또는 그 비평.

88. **弘報**(홍보) : 일반에게 널리 알림.

89. **火災**(화재) : 불이 나는 재앙.

90. **換氣**(환기) : 탁한 공기를 빼고 새 공기로 바꿈.

91. **歡樂**(환락) : 기뻐하고 즐거워함.

92. **歡呼**(환호) : 기뻐서 부르짖음.

93. **黃砂**(황사) : 누런 빛깔의 모래.

94. **悔恨**(회한) : 뉘우치고 한탄함.

95. **候補**(후보) : 정원이 미달일 때 그 자리를 채울 자격을 가진
      처지. 또는 그러한 사람.

96. **戱曲**(희곡) : 상연을 목적으로 쓰여진 연극의 대본.

나이와 관계 있는 한자어(漢字語)

1. 志學(지학) : 15세
2. 弱冠(약관) : 20세
3. 而立(이립) : 30세
4. 不惑(불혹) : 40세
5. 知天命(지천명) : 50세
6. 耳順(이순) : 60세
7. 還甲(환갑)·回甲(회갑) : 61세
8. 進甲(진갑) : 62세
9. 古稀(고희) : 70세
10. 喜壽(희수) : 77세
11. 傘壽(산수) : 80세
12. 米壽(미수) : 88세
13. 卒壽(졸수) : 90세
14. 白壽(백수) : 99세
15. 期願之壽(기원지수) : 100세

저자와
협약에
의하여
인지를
생략함

청학동 고사성어

1996년 7월 10일 1판 1쇄 인쇄
1996년 7월 20일 1판 1쇄 발행
2012년 9월 10일 2판 1쇄 발행

편저／이상기
펴낸이／김영길
펴낸곳／도서출판 선영사
주소／서울시 마포구 서교동 485-14 영진싱가 지층
전화／(02)338-8231,
(02)338-8232
팩시밀리／(02)338-8233
등록／제02-01-51호 (1983년 6월 29일)

ⓒ Korea Sun-Young Publishing Co., 1996
잘못된 책은 바꾸어 드립니다.

ISBN 978-89-7558-191-5   03700